MOUNTAIN

登自己的山

All This Wild Hope

Letters from
Russia

Astolphe de Custine

II

俄 国 来 信

[法]阿斯托尔夫·德·屈斯蒂纳 ○ 著

李晓江 ○ 译

GUANGXI NORMAL UNIVERSITY PRESS

广西师范大学出版社

·桂林·

目 录
CONTENTS

第十二封信

彼得堡，7月19日

附释·令人兴奋的彼得堡的生活·皇帝是真正的俄国人·和蔼可亲的皇后·对巴黎和彼得堡的比较·礼貌的定义·米哈伊尔宫的晚会·与叶莲娜大公夫人的交谈·灯火辉煌·舞厅里的小树林·喷泉的水柱·民主制在未来的前景·与皇帝的有趣的交谈·对俄国的解释·克里姆林宫的修缮·一位英国贵族及其家人·英式的礼貌·附释中的趣闻·法国大使·侍从长·皇帝的严厉斥责

作者附释

这封信是由一个我可以信赖的人从彼得堡转递到巴黎的。收信的朋友替我把它保存下来，因为有些细节在他看来比较奇怪。如果说与我自己保存的那些相比，它的口气带有更多歌颂的性质，那是因为在某些情况下，过于诚实有可能连累帮我递信的热心人。因此，在这一篇，而且只在这一篇，我不得不夸大好的一面，对不好的一面则轻描淡写。这一点我坦白说明。可是，对于一部价值就在于作者严格地忠于事实的作品来说，哪怕是一丁点的隐瞒都是缺陷。

因此，我希望在读这封信的时候，要比读其他封信更小心，尤其是不要忽视用来纠正它的那些附释。

要想承受令人疲惫的彼得堡的生活，那得是俄国人甚至皇帝本人才行。晚上有晚会，那是只有在俄国才见得到的晚会；早上有宫廷仪式和招待会、公共典礼或者海陆检阅。一艘装备了一百二十门大炮的军舰刚刚在整个宫廷面前于涅瓦河下了水；尽管它是那条河上有史以来最大的军舰，却不要以为会有什么观众出席海军的这一盛事。空间是俄国人最不缺的，也是他们最头疼的。四五十万人住在彼得堡，就跟没人住一个样。他们消失在这座巨大的城市所围成的广阔的空间中。城市的心脏是用花岗岩和黄铜做的，躯干是灰泥和砂浆，四肢是烂木板和油漆过的木头。那些木板如同城墙一般竖在城市周围荒凉的沼泽里，而城市就像一尊巨大的泥足塑像。（作者附释：涅瓦河上的码头是用花岗岩建造的，圣以撒大教堂的穹顶是用黄铜建造的，冬宫和亚历山大纪念柱是用石子、大理石和花岗岩建造的，彼得一世的塑像是用黄铜制作的。）它不同于文明世界其他的任何一座都城，尽管它的建筑全都是模仿它们的；但是，一个人在遥远的国度寻找典范是徒劳的，因为土地和气候是他的两个主人，它们逼着他创新，而他只想着复古。

我参加过维也纳会议，但我不记得看到过有什么可以和皇帝在他女儿婚礼的那天晚上，在仅仅一年前曾被烧毁的同一座冬宫里举办的庆典上华贵的珠宝服饰、绚丽多样的制服和井然有序的宏大场面相媲美的东西。

彼得大帝没死！他的精神力量还活着，还在发挥作用。尼古拉是俄国从其首都的奠基者在位以来唯一的俄国人君主。

在为了庆祝玛丽女大公的婚礼而在宫廷举办的晚会快要结束的时候，皇后让几个军官来找我，他们找了一刻钟也没能找到。我按照习惯的做法，独自倚着皇后离开我时在的那扇窗户，依然沉浸在对美丽天空的沉思中，沉浸在对夜色的赞美中。晚宴过后，我只是跟在皇帝皇后的后面，从这个地方离开了一小会儿，但是在没人注意的时候又回到了长廊，因为在那里，我可以在舞会期间悠闲地凝望太阳从一座伟大城市上空升起的浪漫景象。那几个军官终于在我藏身的地方发现了我，赶紧领我去了皇后那里。她在等着我。她当着整个宫廷的面，好意对我说："屈斯蒂纳先生，我查问您查问了好长时间，您为什么躲着我呢？"

"夫人，我两次出现在您的面前，可您并没有注意到我。"

"是您自己的错，因为我自从进了舞厅之后就一直在找您。我希望您好好看看这里的一切，好让您从俄国带回去的意见可以纠正那些蠢人和不怀好意之人的看法。"

"夫人，我一点也不觉得自己有力量做到这一点；不过，假如我的印象可以感染他人，法国会把俄国想象成仙境。"

"您不要依据表面现象来做判断，您必须深入内部，因为您具备能使您这样做的一切条件。再见！——我只是想说晚安——天气太热，我感到累了。不要忘了来看看我的房间，它们是按照皇帝的意思改建的。我会吩咐允许您随便参观。"她离开了，我却成了众人好奇的对象，廷臣们也对我表现出明显的善意。

这种宫廷生活十分新鲜，我感到很愉快。它就像是回到过去，我可以想象自己是在一百年前的凡尔赛。礼貌和豪华在这里是自然的。从这一点就可以看出，彼得堡和我们如今的巴黎有多么不同。巴黎有奢侈、财富甚至精致，但没有豪华的排场，也没有礼貌。自从第一次革命以来，我们就一直居住在一个被征服的国家，掠夺者和被掠夺者在那里尽可能地一起厮混。要想有礼貌，就必须有什么东西可以给予。礼貌就是利用我们拥有的优势，不管是智力、财富、等级、地位还是其他任何能使人快乐的东西，对别人履行社交义务的艺术。有礼貌，就是知道如何优雅地给予和接受；但是，如果一个人没有任何确实属于他自己的东西，他是不可能给予什么的。如今的法国没有任何东西是通过彼此的善意来交换的；一切都是借助利益、野心或恐惧抢来的。若是没有对利益的暗中算计使之活跃起来，就连交谈也会变得沉闷无趣。才智本身只有在对个人有好处的时候才会得到重视。

牢固可靠的社会地位是所有交往中礼貌的基础，也是能让谈话活跃起来的那些俏皮话的源头。

令人疲惫的宫廷舞会刚刚结束，我们就要去米哈伊尔宫参加另外一场晚会，那是昨天由皇帝的弟媳、米哈伊尔大公的妻子、现居巴黎的符腾堡国王保罗的女儿叶莲娜大公夫人 [1] 举办的。据说她是欧洲最出色的人物之一，谈吐极为有趣。我有幸在舞会开始前被引见给她，当时她只跟我说了一句话，但是在晚上，她给了我几次与她交谈的机会。

下面就是我所能记得的大概内容：

1　米哈伊尔·帕夫洛维奇大公（Michael Pavlovich，1798—1849）是尼古拉一世的弟弟，妻子是符腾堡的夏洛特公主（Friederike Charlotte Marie，1807—1873），她在与米哈伊尔大公订婚后依照惯例改信东正教，更名为叶莲娜·帕夫洛夫娜（Elena Pavlovna）。

"听说您在巴黎及周边活跃于一个非常不错的社交圈子。"

"是的，夫人，和聪明人交谈是我觉得最愉快的事情，不过，我万万没想到，殿下竟然连这种事也了如指掌。"

"我们了解巴黎，我们清楚在那里有少数几个人既谙熟现在的形势，同时也没有忘记过去。我可以肯定，这些人是您的朋友。通过她们的作品，我们欣赏到了几个您经常看到的人，尤其是盖伊夫人和她的女儿吉拉尔丹夫人[1]。"

"这两位女士都非常聪明，我有幸是她们的朋友。"

"您的朋友非常优秀。"

我们很少会觉得自己有必要替别人谦虚一下，可此刻我就有点儿这样的想法。有人会说，在所有的谦虚中，这种谦虚在表现的时候代价最小。不管是多么可笑，我当时真的觉得，要是我竭力激起对我朋友的赞美——那样我自己也觉得脸上有光——我就有点儿不太知趣了。要是在巴黎，我怎么想就怎么说；在彼得堡，我害怕被认为是假装肯定别人来抬高自己。大公夫人继续说道："我们很喜欢读盖伊夫人的著作。您觉得它们怎么样？"

---

1 索菲·盖伊（Sophie Gay，1776—1852），法国小说家，吉拉尔丹夫人（Madame de Girardin，1804—1855）是她的女儿，也是作家。

"我的看法是，夫人，我们在那些作品中可以看到对昔日社会的描述，那是一个理解它的人写的。"

"吉拉尔丹夫人为什么不接着写了？"

"吉拉尔丹夫人是诗人，夫人，而对于一个写诗的人来说，沉寂是劳作的标志。"

"但愿这是她沉寂的原因；因为，拥有她那种善于观察的头脑和写诗的天赋，如果只是写一些短命的作品，那就可惜了。"（作者附释：谈话是一字不差、照实复述的。）

在这次谈话中，我的原则是只聆听和回答，但我期待能够听到大公夫人提到别的名字，以满足我为祖国自豪的心理，同时也让我友好的沉默接受新的考验。

这些期待落空了。大公夫人生活在一个社交特别讲究策略的国家，她无疑比我自己更清楚什么该说，什么不该说。无论是我说的话，还是我的沉默，她都一样担心它们的含义，所以就不再谈论我们的当代文学这个话题了。

有些名字，单是说出来，就会扰乱专制制度强加给所有生活在俄国宫廷里的人的心灵的平静和思想的一致。

我现在必须描绘一下某些我天天晚上出席的奇幻的晚会。我们的男装颜色灰暗，结果让舞会大为逊色，而俄国的军官们却穿着各式各样颜色鲜亮的制服，让彼得堡的沙龙流光溢彩。

在俄国，女人华丽的服饰与金光闪闪的军服让人觉得很般配；跳舞的男士看起来不会是律师的书记员，或其合伙人的药店店员。

米哈伊尔宫朝向花园的一面全部装饰成意大利柱廊。昨天，他们趁着二十六度的温度，在这条露天廊台的每根柱子之间点亮了一簇簇小灯笼。小灯笼的布置别出心裁。它们用纸做成郁金香、里拉琴、花瓶等形状，看上去既别致又新颖。

在叶莲娜大公夫人举办的晚会上，据说她每次都会发明一些新花样。这样的名声肯定很累人，因为要保持下去比较困难。这位大公夫人十分美丽聪慧，其优雅的风度和谈话的魅力在整个欧洲都十分出名，可她给我的印象却是不像皇室的其他女性那样自然、随和。被认为是一个风趣而且很有学问的女人，这种名声在皇宫里想必是一种沉重的负担。她举止优美，长相出众，却显得疲惫不堪、无精打采。要是她拥有实际的智慧，少一些风趣和才华，并继续像一位德意志公主那样过着小君主国的单调生活，恐怕会快乐一些。

在尼古拉皇帝的宫廷，叶莲娜大公夫人负责用法国文学来款待客人，这让我对她望而生畏。

一盏盏灯笼把美丽的光映照在宫殿的柱子上，映照在花园的树丛中。花园里到处都是人。在彼得堡的晚会上，人成了装饰，就像收集稀有的植物装点花房。欢声笑语从远处就可以听到，那里有几个乐队在演奏军乐，彼此配合得非常协调。灯光照在树上有一种迷人的效果。在一个明朗的夜晚，再没有什么比照成金色的生气勃勃的枝叶更奇幻、美丽了。

　　他们跳舞的大廊台的内部布置得极为奢华。一千五百箱正处于花期的最稀有的植物，形成一片芬芳扑鼻、郁郁葱葱的小树林。大厅的一端，在一丛丛带有异域风情的植物当中，喷泉喷出清亮的水柱，水雾在无数烛光的照耀下，就像漫天的宝石一样闪闪发亮，湿润着因为跳舞而不断被搅动的空气。人们会以为这些奇异的植物，包括高大的棕榈树和香蕉树——它们的树箱全都藏在一层苔藓状的青草下面——就长在它们本地，而一对对跳舞的北方人被魔法运到了热带森林。它就像一场梦；那景象不只奢华，还充满诗意。那无数巨大的金碧辉煌的镜子比我在别的任何地方见过的都要多，使得奇幻的廊台绚丽百倍。因为夏日的夜晚特别炎热，柱廊下的窗户都是敞开的。大厅很高，而且有半个米哈伊尔宫那么长。所有这种豪华的效果很难描述，只能想象。它看起来就像仙宫。任何有关限度的想法都消失了，眼里看到的只有虚空、灯光、金色、鲜花、反光、幻影和晃动的人群，而人群本身的大小也好像增加了无数倍。在场的人以一当十，镜子的效果真是太棒了。我从未见过比这座水晶宫更美的东西；但舞会就跟别的舞会一样，同这幢大建筑华美的装饰不相称。我很奇怪，这个善于跳舞的民族并没有发明出什么新花样，可以在这样一个剧场的舞台上表演。这个剧场与其他所有剧场大为不同，这里的人们借口寻找快乐而聚会跳舞，把自己弄得筋疲力尽。我本来想看看其他剧场的夸德里尔舞和芭蕾舞。我觉得，和现在相比，中世纪宫廷的娱乐活动更注重想象力的满足。在米哈伊尔宫，我只看到波洛奈兹、华尔兹以及在法国人和俄国人当中被称为夸德里尔的退化了的乡村舞蹈。就连在彼得堡跳的玛祖卡也不如真正的华沙舞活泼优美。俄国人严肃的天性不适应欢快、随心所欲和无拘无束的真正的波兰舞。

皇后在每一曲波洛奈兹舞结束后都要在舞厅中芬芳扑鼻的小树林下小憩一会儿。她在那里可以躲避灯火通明的花园中的暑热。在这个夏日的夜晚，花园里的空气就和宫殿里的空气一样令人窒息。

晚会期间，我忙里偷闲，暗暗地围绕某个主题对法国和俄国作了比较，而我关于该主题所观察到的现象对于前者是不利的。要组织一个大型的聚会，采用民主的方式肯定不合适。我在米哈伊尔宫看到的聚会，布置得十分用心，竭力表现对君主的效忠。高雅的娱乐离不开社交女王般的人物。但平等原则有很多别的优点，我们有理由为了这些优点而牺牲奢侈的娱乐。这正是我们在法国出于值得称道的公心所做的事情。我唯一担心的是，当时机到来，我们的子孙可以享受到他们过于慷慨的祖先为其准备的完美的生活时，他们会有不同的看法。谁知道这些明白过来的后代在提到我们的时候会不会说，"他们受诡辩的影响，变成盲目的、呆里呆气的狂热分子，给我们招来了绝对的不幸"？

停止沉思美国给欧洲昭示的未来，我们言归正传。宴会前，皇后坐在带有异国情调的树木华盖下，招手让我去她那里；我刚过去，皇帝也向那眼奇幻的喷泉走来。喷泉那宝石般的水雾给我们俩带来了光亮和新鲜的空气。他拉着我的手，把我领到离他妻子的座位几步远的地方，和我就一些有趣的话题愉快地交谈了一刻多钟。因为这位君主不像其他许多君主那样，和你说话只是做给人看的。

他先称赞了几句晚会的布置；我回答说，他的生活那么忙碌，我很惊讶他能为每件事都抽出时间，甚至能到人群中参与娱乐活动。

"幸运的是，"他回答说，"在我的国家，政府机器十分简单，因为幅员辽阔，什么事都很难办，要是政府的形式复杂，一个人的头脑就不够用了。"

这种坦率的语气让我既惊讶又受宠若惊。对于没有明说但可以感觉到的言外之意，皇帝比任何人都敏感。他针对我的想法，继续说道："我这样对您说，是因为我知道您能理解我；我们在继续彼得大帝的工作。"

"他没有死，陛下；他的精神和他的意志仍然统治着俄国。"

如果有人在公开场合和皇帝说话，廷臣就会围成一个大圈子，恭恭敬敬地保持一定的距离，这样就没有人能听到君主的谈话，尽管大家的目光仍然集中在他的身上。

如果你有幸与君主交谈的，有可能让你感到局促不安的不是君主，而是他的随从。

皇帝继续说道："这项工作做起来并不很容易。顺从也许会让您以为，我们当中存在一致性，但我必须告诉您真相，没有哪个国家会像俄国那样，有那么多样的民族、习俗、宗教和思想。多样性是实质上的，一致性是表面上的，所以统一只是假象。您看，我们附近有二十个军官，只有最前面的两个人是俄罗斯人；紧挨着他们的三个人是争取过来的波兰人；其他有几个是德意志人；甚至有些吉尔吉斯的王公把他们的儿子交给我，和我的士官生一起接受教育。那里就有一个。"他一边说一边用手指着一个中国的小淘气鬼，穿着古里古怪的丝绒服装，用金饰装扮得华丽而又俗不可耐。

"和这孩子一起，我出资抚养和教育了二十万个孩子。"

"陛下，这个国家做的每一件事情规模都很庞大——每一件事情都是巨大的。"

"对一个人来说是过于巨大了。"

"到现在为止，有谁和他的臣民保持过更亲密的关系？"

"您说的是彼得大帝吗？"

"不，陛下。"

"我希望您不会满足于只看彼得堡。对于在我国参观的路线，您有什么计划吗？"

"陛下，我希望在彼得霍夫的庆典结束后马上离开。"

"到哪里？"

"去莫斯科和下诺夫哥罗德。"

"好。但您很快就会到那儿了。您会在我到达之前就离开莫斯科，要是在那儿看到您，我会非常高兴。"

"有陛下这句话，我会改变我的计划。"

"那样更好；我们会让您看看克里姆林宫正在进行的新工程。我打算让那些旧的大建筑的风格更适合它们现在的用途。原来的宫殿对我来说有点小，不太方便。您还可以在博罗季诺平原参加一个奇特的仪式。我们准备在那里建造一座纪念那场战役的纪念碑,我会为它奠基。"

我没有吭声,而且我的脸色肯定是变严肃了。皇帝盯着我,然后用一种亲切、委婉甚至体贴得令人感动的口吻说道:"至少您会对视察演习感兴趣。"

"陛下,俄国的一切我都有兴趣。"

我看到独腿的老 D 侯爵在和皇后跳波洛奈兹舞。他瘸是瘸了,但这种舞还是能跳的,无非是庄严地列队行进。他是和他的几个儿子一起来到这里的。他们旅行的派头就像真正的大贵族:一艘游艇把他们从伦敦带到彼得堡,同时他们还把大量的英国马和马车提前运来。在彼得堡,他们的车马随从即便不是最豪华的,也是最精致的。这些旅行者受到明显的关照。他们与皇室关系亲密。皇帝对于户外运动的热爱,以及对他还是大公时的伦敦之行的回忆,使他与 D 侯爵之间建立了亲密的关系。那种关系在我看来,对于君王肯定比对于享有如此殊荣的私人更加让人愉快。在不可能存在友谊的地方,我想,亲密的关系只能是强迫性的。有时在看到侯爵的儿子们对待皇室成员的态度之后,人们会说,在这一点上,他们跟我的想法一样。要是行为举止以及言论的自由能在宫廷里有一席之地,虚伪和礼貌还能在哪里安身?(作者附释:这段话写后没几天,宫廷里就发生了一件小插曲，从中可以看出在如今的英国人当中，最时尚的年轻人的教养：他们没有权利去责备，也没有任何理由去嫉妒，我们巴黎最缺少礼貌的花花公子，因为在这种言行粗鄙的精致与白金汉、洛赞、黎塞留之类的人的礼貌之间有天壤之别！为了表示对这家人的关照，皇后希望在他们离开彼得堡之前办一场私人舞会。她首先邀请了那位父亲，他用假腿跳舞跳得很好。"夫人，"老 D 侯爵答复说，"我在彼得堡已经得到了太多的照顾，但这么多的娱乐超出了我的能力。我希望您允许我今天晚上就出发，那样我明天早上就可以坐我的游艇返回英国。不然我会因为娱乐而死在俄国。""那好吧，我只能让您走了。"皇后答道。她对这个回复很满意，因其不但礼貌，而且具有男人气，配得上那位老贵族出生的时代。接着，她转向侯爵的儿子们，他们准备延长待在彼得堡的时间。"至少您是可以吧？"她对侯爵的大儿子说。"夫人，"这人回答说，"我们今天要去捕猎驯鹿。"据说是很骄傲的皇后没有气馁，又对侯爵的小儿子说："至少您是会和我们在一起吧？"那位年轻人一时找不到借口，不知如何回答，于是很恼火地转向他的哥哥，用大得足以让人听到的声音嘟囔说："难道我就该倒霉吗？"这件事传遍了宫廷。）

　　年轻的某某在彼得堡，我们到处都能遇到，而且相处愉快。他属于如今那种类型的法国人，但真的很有教养。他看来对一切都很着迷。这种满足感十分自然，以至于能感染其他人，而我毫不怀疑，这个年轻人不但自己满意，也让人满意。他旅行的方式是有益的，长了很多见识，搜集了无数事实。对于那些事实，他编号比分类做得好，因为在他的年纪，概括总结要比分类整理容易。但我们大使交谈的主题是多么丰富啊！文学会多么惋惜他在政治上花费的时光，除非后者仅仅是一种研究，能让前者从今往后可以借此获益！没有哪个人更适合他的位置，也没有哪个人在扮演他的角色时有更强的能力，表现得更加从容自在，而且一点也不傲慢自大。在我看来，对于所有忙于公务的法国人来说，现在要想成功，就必须同时具备这些特点。自从七月革命以来，没有哪个人像巴郎特先生[1]那样，把法国驻彼得堡大使这项困难的工作做得那么好。

在玛丽女大公的婚礼庆典上，有件小事会让读者联想到拿破仑皇帝的宫廷中经常发生的事情。

婚礼前不久，侍从长去世了，于是，他的职务就交给戈洛夫金伯爵。他曾经担任过俄国派往中国的特使，但没

---

1 阿马布勒·纪尧姆·普罗斯帕·布吕吉埃·巴郎特男爵（Amable Guillaume Prosper Brugière, baron de Barant，1782—1866），法国政治家和历史学家，从1835年开始担任法国驻俄大使。

能获准进入该国。这位贵族在婚礼上正式开始履行自己的职责，但不如他的前任那么有经验。一位由他任命的年轻侍从触怒了皇帝，结果让其上司受到相当严厉的斥责——那是在叶莲娜大公夫人的舞会上。

当时皇帝正在和奥地利大使说话，年轻的侍从奉玛丽女大公之命，邀请大使跳舞。那个倒霉的新手兴冲冲地穿过我前面说过的由廷臣们在皇帝周围围成的、恭恭敬敬地保持着一定距离的圈子，冒失地走近陛下本人，对大使说："伯爵先生，洛伊希滕贝格公爵夫人请您和她跳第一曲波洛奈兹舞。"

皇帝对于这位新侍从的无知十分震惊。他提高了嗓门对他说："你被安排到一个岗位上，先生，那就要学会怎么做事。首先，我的女儿不叫洛伊希滕贝格公爵夫人，她叫玛丽女大公（作者附释：她在婚礼上已经被授予这一头衔）；其次，你该知道，在我跟人谈话的时候，谁都不许打断我。"（作者附释：我不是实事求是地说过，在这个宫廷，生活是在一次次的全体彩排中度过的吗？从彼得大帝以来，俄国的皇帝从来就没有忘记，教训人民是他个人的职责。）

不巧的是，受了这顿严厉斥责的新侍从是个可怜的波兰绅士。皇帝说了这番话之后仍不满意，又让人把侍从长叫来，要他以后选人仔细点。

我早早就离开了米哈伊尔宫的舞会。我在楼梯上闲站着，本来还希望在那里多待一会儿：那是一片开着花的橘树林。我从来没有见过比这更豪华或者安排得更好的晚会，但是，没有什么比时间拖得太长的赞美更令人疲惫的，尤其是，如果它和自然现象或者高雅的艺术作品没有关系的话。

我搁下笔，因为要和一位俄国军官、年轻的某某伯爵共进晚餐。他今天早晨带我去了矿物陈列室，我相信那是欧洲最好的陈列室，因为乌拉尔的矿井在矿藏的种类上是无与伦比的。在这里，自己一个人什么也看不到。总是有当地人跟你在一起，代表公共机构尽地主之谊，而且一年中也没有多少日子适合参观它们。夏天，他们维修被冻坏的大建筑；冬天，除了参加宴会之外什么也做不了。所有没有冻僵的人都在跳舞。当我说要想看俄国，在彼得堡不会比在法国看得更清楚，有人会以为我是夸大其词。抛开其自相矛盾的形式，这句话千真万确。最没有疑问的是，要想了解这个国家，只是参观还不够。如果没有别人的帮助，那就不可能了解任何事情，而这种帮助常常是强加给帮助对象的，结果他只能得到一些虚妄的看法。（作者附释：这样做是故意的。）

第十三封信

彼得堡，7月21日

宫廷中的几位夫人·芬兰人·歌剧院·歌剧院里的皇帝·这位君主
威严的相貌·他的登基·皇后的勇气·皇帝向作者详述了这一幕·对
皇帝的另一种描述·继续与皇帝交谈·他的政治观点·他的诚挚的
语言·奥尔登堡公爵夫人家的晚会·野外舞会·俄国的鲜花·皇后
的朋友·与皇帝的几次谈话·他的高尚的情操·他激起了那些接近
他的人的信任感·贵族是自由唯一的堡垒·对专制与自由的比较·彼
得堡的艺术·所有真正的禀赋都带有民族性

　　这个宫廷里有为数不多的几位夫人以美丽著称，而且
名副其实；其他则是靠卖弄风情、耍手腕和装模作样窃
取了这一名声——这都是跟英国人学的，因为上流社会
的俄国人是靠追求国外的时尚来打发时间的。他们的选
择有时会上当，于是，他们的错误就会导致一种奇怪的
雅致，一种缺乏趣味的雅致。要是任由这种状况发展下
去，俄国人就会在没有得到满足的虚荣的梦想中度过一生，
就会把自己看作野蛮人。总想着别的民族的社会优越性，
再没有比这对人的天性和智力伤害更大了。意识到自身

的做作而自惭形秽，这是一种矛盾的自恋行为，在俄国并不罕见——俄国有各种级别和各种阶段的暴发户的性格可供研究。

对于这个民族的不同阶级来说，总体上，美在女人当中不如在男人当中那么常见，虽说在男人中也可以看到很多人的脸是扁的，而且全无表情。芬兰人高颧骨，小眼睛，深眼窝，目光呆滞，而且脸扁得好像是在出生时压在了鼻子上。他们的嘴也是歪的，总之，他们的外表给人的印象就像奴隶。斯拉夫人不是这个样子。

我碰到很多脸上有麻子的人，这在如今欧洲其他地方已经很少见到了，反映出俄国政府在关键方面的疏忽大意。

在彼得堡，不同种族混居在一起，让人对俄国到底有多少人口很难有正确的认识。德意志人、瑞典人、利沃尼亚人、芬兰人（他们是拉普兰人的一支）、卡尔梅克人以及其他鞑靼族人，同斯拉夫人的血统混在一起，结果使后者早期的那种美在首都逐渐退化了；这让我常常想到皇帝的那句话："彼得堡是俄国的，但它不是俄国。"

我在歌剧院看了一场被称为盖乐的表演。歌剧院灯火通明，建筑宏大又协调。楼座和凸出的包厢在这里还没有被接受，因为在彼得堡不存在要为其提供座位的市民阶级。于是建筑师在规划时就可以不受限制，建造出设计简单而规整的剧院，就像意大利的那些，地位不是最高贵的女性坐在舞台前面的半圆形贵宾席。

因为有特殊的照顾，我在贵宾席的第一排得到了一个座位。在有盖乐表演的日子，这些座位要留给大贵族和宫廷高级官员，除非穿着能表明其身份或职务的制服或服装，否则谁都不许坐在那里。

右手的邻座从我的衣着看出了我是外邦人，就用法语热情而有礼貌地跟我打招呼。那种礼貌是彼得堡上层社会特有的，某种程度上也是彼得堡所有阶级特有的；因为这里所有人都很礼貌——大人物是因为虚荣，要显示他们良好的教养，小人物则是因为恐惧。

扯了几句闲话之后，我问热心的邻座即将演出的剧目是什么。"《拄着双拐的魔鬼》，"他答道，"是从法国人那里翻译的。"我使劲地想，可就是想不出哪部戏能翻译成这个名字；最后弄清楚了，该"译作"是一部改编自我们同名芭蕾舞剧的哑剧。

我不是太喜欢它，就把注意力主要转向了观众。最后，宫廷来了。皇帝的包厢是个精美的大厅，占据了剧院的后半部分，那里更是灯火通明。

皇帝进来时排场很大。他在皇后的陪同下，后面跟着他的家人以及随行的廷臣，来到了包厢前面，众人齐刷刷地起立。皇帝穿着一件格外华丽的红色制服。哥萨克的制服只有穿在非常年轻的人身上才好看，皇帝穿得更适合他的年龄，而且更加衬出他高贵的容貌和身姿。就座之前，他用他特有的庄严而有礼的方式向众人致意。皇后做了同样的事情，而在我看来缺乏对公众尊重的是，他们的随从也效仿他们。对于君主夫妇的鞠躬，整个剧院也以鞠躬来回敬，还向他们报以热烈的掌声和欢呼声。这些做法带有例行公事的性质，因而极大地削弱了其价值。皇帝受到满座廷臣的鼓掌欢迎真是太好了！在俄国，真正的奉承就是装出一副依赖的样子。俄国人没有发现这种拐弯抹角的讨好人的方式，事实上，采取这种方式有时可能还会有危险，尽管臣民的奴性肯定常常让君主感到无聊。

正因为所到之处都会遇到强制表示的顺从，当今皇帝平生只有两次在聚集的民众身上满意地检验了他个人的力量，而且是在叛乱期间。在俄国，唯一自由的人乃是造反的士兵。

从我的位置看过去，皇帝的确像是应该发号施令的人。他的面色是那么庄重，他的身姿是那么威严。我不由得想起他登上宝座的那一时期，而思考历史上那光辉的一页，让我的思绪离开了眼前正在上演的一幕。

我现在要讲述的，是皇帝几天前刚刚亲口对我说的。

上一封信之所以没说，是因为纸上要是有这样的内容，那就既不能交给俄国人邮寄，也不能托给哪个旅行者。

尼古拉登上宝座是在近卫军发生叛乱的那天。最初得到士兵造反的消息时，皇帝和皇后独自来到他们的小教堂，双膝跪倒在祭坛的台阶上，一同在天主面前立下誓言，要是他们不能平息叛乱，死也要死得像个君主。

皇帝或许是真的觉得大难临头，因为他得到的消息是，大主教已经尽力安抚士兵，但没有成功。在俄国，当宗教势力丧失影响时，混乱就确实很难对付了。

皇帝庄严地画了个十字，接着就来到叛乱分子面前，要用他的在场和沉着冷静的表情征服他们。他对我讲这件事的时候，用词比我现在谦逊，可惜我没有记住，因为话题的突然转变，起初很是有点让我措手不及。我对回过神来之后讲的东西，记得比较牢。

"陛下，您是从最正确的源头获得了力量。"

"我不知道该说什么或做什么，我是凭着灵感。"

"要得到这样的灵感，那它们必然是应得的。"

"我没做什么特别了不起的事情；我对士兵说：'回到你们的队伍中去！'经过检阅的那个军团时，我大喊：'跪下！'他们全都从命了。当时给我力量的是，在之前的一瞬间，我已经下定决心，要么灭亡要么征服。我很庆幸成功了，但我并不为此骄傲，因为它根本不是我自己的功劳。"

这就是皇帝向我讲述那起当代悲剧时使用的高尚措辞。

由上面所讲的可以知道，他和旅行家谈论的话题是有趣的，他用他的善意让旅行家引以为荣。这也可以说明他为什么会对他的臣民和他的家人，以及为什么会对我们有那样的影响力。他就是斯拉夫人的路易十四。

几个目击者告诉我，当他向叛乱分子走去的时候，他的形象好像越来越高大威武。尽管他年轻时显得木讷、忧郁、胸无大志，但在成为君主后却变成了英雄。通常的情况是相反的，君主们的表现总是不及预期。

这位君主在宝座上就如同一个伟大的演员在舞台上一样驾轻就熟。他在叛乱的近卫军面前显得那么威严，据说在他训斥士兵的时候，有个密谋分子四次走上前去想要杀害他，又四次失去勇气，就像马略[1]面前的那个辛布里人一样。

密谋分子用来挑起军队发动此次叛乱的是一则荒唐的谎言。他们散布谣言说，尼古拉抢了他哥哥康斯坦丁的皇位，而康斯坦丁正在赶往彼得堡，要用武力捍卫自己的权利。

---

[1] 盖乌斯·马略（Gaius Marius，公元前 157—公元前 86），罗马将军，在逃亡途中有个辛布里人奴隶去刺杀他，结果被他的威严吓走。

他们煽动叛乱分子到皇宫的窗下叫嚷着支持宪法，方法是让他们相信"宪法"这个词是康斯坦丁妻子的名字。因此，促使士兵采取行动的是责任感，他们以为皇帝是篡位者，而他们只会被一个骗子领着成为叛乱者。事实上，康斯坦丁因为软弱而拒绝继承皇位，他害怕被人毒死。天知道，或许有几个人也知道，他放弃皇位是否让他躲开了他那么希望躲开的危险。

因此，上当受骗的士兵之所以起来反对他们合法的君主，正是为了维护合法性。人们说，皇帝同士兵在一起的整个过程中，他一次也没有策马奔跑，但是，尽管他十分镇定，脸色却煞白。他在检验他的力量，而检验的成功让他确信，他的臣民将会服从他的统治。

这样的人不能用普通人的标准来衡量。他严肃而充满权威的声音，锐利而带有磁性的眼神——它往往是冷漠而坚定的，因为他为人率直，习惯于克制自己的激情而不是掩饰自己的思想——他高贵的前额，阿波罗或朱庇特一般的面容，不可动摇、咄咄逼人、专横傲慢的表情，还有他那与其说随和不如说高贵、与其说像人不如说像纪念碑的身姿，让所有接近他的人都感到一种难以抵挡的力量。他成了他人意志的主人，因为看得出，他是他自己意志的主人。

我记得我们的谈话还有下面这些：

"叛乱就这样平息了，陛下回宫时的心情想必和离开时大不一样；通过这起事件，对陛下来说不但皇位有了保障，而且得到了世人的钦佩以及所有高尚的人的同情。"

"我不那样看，我那时所做的已经受到了太多的赞扬。"

皇帝没有告诉我，他回去时发现妻子因为紧张焦虑，头在不停地颤抖，而且从那以后再也没有痊愈。这种痉挛性的抖动不太看得出；实际上，有些时候，如果比较平静而且身体状况良好，皇后完全不受它的影响，但如果她在精神或身体上感到痛苦，这种疾病就会再次发作而且变得更加严重。这个高贵的女人一定与她丈夫涉险犯难引起的焦虑作过可怕的斗争。当他回来时，她默默地拥抱他；但皇帝在安慰过她之后感到虚弱无力，扑在他最信任的一个仆人怀里，大声喊道："多么艰难的开端！"

我之所以公开这些细节，是觉得应该让人知道它们，并告诉地位卑微之人，不要太羡慕大人物的运气。

不管立法在不同状况的文明人中制造了多么明显的不平等，天主都会通过隐秘的平等来证明自己的正义，这是无论什么都无法改变或干扰的。这一点是假手精神上的困厄来实现的，而精神上的困厄一般来说会以相同的比例，随着物质上困厄的减少而增加。世上的不公并没有国家的奠基者和立法者努力制造的或庶民以为他们看到的那么多，因为自然的律法要比人为的律法公道。

在与皇帝交谈的时候，我的头脑中闪过这些想法，它们在我心中产生的情绪，要是皇帝知道的话，我想他会相当惊讶，因为那是一种难以名状的怜悯。我小心地隐藏好这种情绪，继续说道：

"说实话，陛下，我之所以十分好奇，想要游览俄国，一个主要的动机就是想接近能对人们施加如此力量的君主。"

"俄国人很温和，但统治者应当让自己配得上统治这样一个民族。"

"陛下您比任何一位前任都更理解这个国家的需要和处境。"

"专制在俄国依然存在，它是我国政府的实质，但它符合民族的特点。"

"陛下，通过阻止俄国走上模仿的道路，您正在使它恢复本来的样子。"

"我爱我的国家，而且我相信我是理解它的。我向您保证，当我对时代的不幸极为厌倦的时候，我就退居俄国内地，努力忘记欧洲其他的地方。"

"为了在你们的源头让自己重新振作起来吗？"

"正是这样。我从骨子里就是俄国人，这一点没人比得上我。我要对您说的，是我对别人不会说的，但我觉得您是会明白我的。"

说到这里，皇帝停下来，注意地看着我。我继续听着，没有回答，于是他继续说道：

"我能理解共和主义，它是一种简单明了的政府形式，或者说，至少它可以那样；我能理解绝对君主制，因为我自己就是这样一种秩序的首脑；但我理解不了代议制的君主制。它是充满谎言、欺诈和腐败的政府；我甚至宁可倒退到中国的清政府，也不会采用它。"

"陛下，我一向认为代议制政府在某些时代和某些社会是一种不可避免的契约；但是，就像其他所有的契约一样，它不能解决问题，只会把困难往后推。"

皇帝似乎示意继续，于是我接着说："它是在恐惧和利益这两个非常卑鄙的暴君的支持下，在民主制与君主制之间签订的停战协定；协定的期限被延长了，这是因为智力的自负以及大众的虚荣——智力喜欢谈论，而大众靠言语来自我满足。总之，它是凭借口才而成为贵族的人代替了凭借出身而成为贵族的人，它是属于律师的政府。"

"先生，您说的是实情，"皇帝拍了拍我的手说，"我已经成了一个代议制的君主（作者附释：在波兰），而且世人知道，因为不愿意屈服于这个臭名昭著的政府（我照实引用）的迫切需要，我为此付出了什么样的代价。买选票、昧良心、为了蒙骗其他人而诱惑某些人；所有这些手段都是我鄙视的，它们不但贬低了服从命令的人，同样也贬低了发布命令的人，而我因为自己的坦率而受到了严厉的惩罚；不过，赞美天主，我已经同这个可恶的政治机器永远断绝了关系。我决不再是立宪君主。我太有必要说出我的想法，我永远不会同意用阴谋诡计来统治一个民族。"

在这次奇怪的谈话中，波兰这个名字不停地出现在我们的头脑中，但一次也没有说出口。

谈话对我产生的影响很大。我感到自己被说服了。皇帝表现出的高尚的情操，还有他言语的坦诚，在我看来，使他全能的形象温和了不少。

我承认我那时心悦诚服！虽然我主张人要有独立性，但是，一个做了六千万臣民的绝对君主，还能让自己得到原谅的人，在我眼里是和我们普通人不一样的。不过，我信不过我自己的钦佩。我感到就像我们中的一些公民，他们在惊讶于昔日人们的优雅和谈吐时，被他们高尚的趣味所吸引，顺从了那种迷人的魅力，但是由于原则在抵制，他们局促不安，竭力表现出无动于衷的样子。我生来就不喜欢怀疑别人正在对我说的话。一个能说话的人在我看来就是天主的喉舌。只是依靠反思和经验，我才认识到其中可能有阴谋和掩饰的成分。这可以称得上是一种愚蠢的单纯，或许它就是愚蠢的单纯。但我安慰自己，精神上这种缺点的源头是一种精神上的优点，我自己的真诚使得我相信别人的真诚，甚至相信一个俄国皇帝的真诚。

我之所以相信他，还因为他的面容之美，因为这种美不仅是肉体上的，还是道义上的。我把这个效果归于他的诚挚，而不仅仅是他五官的端正。我和皇帝是在奥尔登堡公爵夫人[1]家的一次舞会上进行这番有趣的谈话的。那次晚会别出心裁，值得一说。

奥尔登堡公爵夫人是拿骚的公主，她因为自己的丈夫而与皇帝关系很近。她希望借女大公婚礼的机会办一个晚会，但是因为不能在豪华程度上超过之前的庆典，或者与宫廷的富丽堂皇相竞争，她就想到在她岛上的宅邸举办一次野外舞会。

奥地利大公是两天前抵达彼得堡参加庆典的，他和各

1　这里的奥尔登堡公爵夫人是指拿骚—威尔堡的公主特蕾莎（Therese von Nassau-Weilburg, 1815—1871），她于 1837 年嫁给了奥尔登堡公爵彼得（Peter von Oldenburg, 1812—1881），而后者的母亲叶卡捷琳娜·帕夫洛夫娜女大公（1788—1819）是保罗一世的女儿，所以奥尔登堡公爵彼得是尼古拉一世的亲外甥。

国使节（田园剧中少有的演员）还有全俄所有出身名门的外国人聚集在一起，装出幼稚纯朴的样子在花园里散步，而乐队就隐蔽在远处的小树林里。

皇帝规定了每场晚会的特色：这天的指导思想是"贺拉斯的优雅纯朴"。

包括外交使团在内的所有人的情绪，整晚都在朝着这个方向调整。它就像是在读田园诗，不是忒奥克里托斯或维吉尔的，而是丰特奈尔[1]的田园诗。

我们在露天跳舞，一直跳到夜里十一点，后来，露水很重，打湿了女人的头和肩——她们有年纪大的，有年纪轻的，都参加了这次战胜气候的活动——于是我们又进了奥尔登堡公爵夫人通常在夏季居住的小宫殿。

别墅中央是个圆形大厅，金饰和烛光把它映得十分耀眼，跳舞的就在那里继续跳舞，其他人则在宅子里别的地方闲逛。这个明亮的大厅相对于宅子的其余部分，就像太阳一样处在中心的位置。

这场庆典的规模比之前的那些要小。它从头到尾都有一种华丽的凌乱感，这一点比其他庆典的浮华更让我喜欢。虽然有些人因为不得不装出乡下人纯朴的样子而一度露出

---

1 丰特奈尔（Fontenelle，1657—1757），法国科学家和文学家。

紧张、滑稽的表情，但总的来说，它不失为一场很有创意的晚会，就像某种蒂沃利皇家别墅[1]的聚会，即便有绝对统治者在场，人们也差不多觉得是自由的。玩高兴了的君主不再像一个专制统治者，今天晚上皇帝就玩得很高兴。

今年夏天的天气太热，正好适合公爵夫人的计划。她的夏季宅邸位于群岛最漂亮的地方，周围有灿烂鲜花装饰的花园（花是盆栽的），而她把跳舞的大厅安排在一片英式草坪上，那是此处的又一奇迹。草坪是最好的镶嵌地板，四周有精美的栏杆，摆满了姹紫嫣红的鲜花，天空是天花板。在彼得堡，温室培养的稀有花卉这样的奢侈品代替了树木的位置。这里的居民，那些离开亚洲并把自己困在冰天雪地里的北方人，思念他们以前国家的东方式奢华，所以就竭力弥补大自然的贫瘠，因为大自然如果不去管它的话，只会长出松树和桦树。在这里，人工种植了各种各样的灌木和植物；因为当所有的东西都是人造的时候，种植美洲的奇花异草就同种植法国的紫罗兰和丁香花一样容易。

皇后身体虚弱，可在她姨侄女[2]花园里举行的这场盛

---

1 该别墅是由罗马皇帝哈德良（117—138年在位）建造的，在罗马以东30公里处的蒂沃利。

2 奥尔登堡公爵夫人的外婆是梅克伦堡—斯特雷利茨的夏洛特女公爵，夏洛特女公爵的妹妹是普鲁士国王威廉三世的王后路易斯，因此，尼古拉一世的皇后作为路易斯王后的女儿是奥尔登堡公爵夫人的姨母。

大的舞会上，每一曲波洛奈兹舞她都没有错过——裸露着脖子，也没戴帽子。在俄国，所有人都竭尽所能追求自己的事业。皇后的本分就是拼命地让自己开心。

无聊想必像俘虏的锁链一样，沉甸甸地压迫着这位德意志公主。她在俄国享有在任何国度或任何阶层都很少享有的幸福，即使在一位皇后的生活中也是没有先例的——她有一个朋友。这位女士就是某某男爵夫人，我已经提过。自从皇后结婚之后，她和皇后几乎就没有分开过。男爵夫人为人真诚而忠实，没有利用自己的地位谋取好处。她嫁的那个男人是对皇帝帮助最大的军官之一，因为在登基那天发生叛乱的时候，他冒着生命危险，无私地救过皇帝的性命。无论什么奖赏都不足以回报如此勇敢的行为，结果呢，事情真的没有奖赏就过去了。

当花园变暗的时候，远处的音乐和着舞会的乐队，一起驱散了夜的阴郁。那种阴郁对于单调乏味的夜色而言太正常了。荒凉重又笼罩了群岛，那里有芬兰的松树和沼泽，挨着几个最漂亮的公园。涅瓦河的一条支流缓缓地——这里的河流好像都是死水一样——流过奥尔登堡公爵夫人小豪宅的窗前。这天晚上，河上有很多小船，船上载满了看热闹的人，路上也挤满了行人。一大群市民——他们和农民一样也是奴隶——和工人（他们都是廷臣的廷臣），挤在达官显贵的马车中间，为的是看一眼他们主人的装束。整个场面很壮观，而且具有独创性。在俄国，很多事物的名称跟别的地方一样，但实质全然不同。我不时地避开跳舞的人群，在公园的树下一边走，一边想着在这样一个国度的喜庆的日子里，慢慢生出的那种忧郁的气氛。但我的沉思是短暂的，因为在这一天，皇帝似乎决意要占据我的头脑。是不是因为他在我心里发现了某些成见对他不太有利，尽管那只是我在被引见之前听说的；或者是不是他觉得，和一个不同于他日常碰到的人聊聊很有意思；或者是不是因为某某夫人对他施加了于我有利的影响？我为何获得如此殊荣，对此我无法给出令我自己满意的解释。

皇帝不但习惯于发号施令，他还知道如何驾驭人心。也许他希望征服我的心灵，也许我那腼腆、冷淡的样子激起了他的自恋。讨人喜欢的愿望对他来说很自然，因为强求赞美依然是要求别人服从他。也许他是想在一个外邦人身上试试他的力量。总之，那也许是一个人的本能，他已经好久听不到真话了，他认为自己这下子终于碰到了一个实诚人。我再次声明，我当时不清楚他的动机，但在那天晚上，要不是他让我过去跟他说话，我是不会站在他面前的，甚至不会出现在他有可能出现的大厅的僻静角落。

看到我进了舞厅，他说："今天早上您看了什么？"

"陛下，我一直在参观自然历史陈列室，还有著名的西伯利亚猛犸象。"

"那是世界上绝无仅有的东西。"

"是的，陛下，俄国有很多东西是在别的国家看不到的。"

"您是在奉承我。"

"我非常尊敬陛下，不敢奉承您；不过陛下，或许我还不够怕您，所以我想到什么就说什么，哪怕实话听上去像是恭维。"

"这是一种巧妙的恭维，先生。你们外邦人把我们捧坏了。"

"陛下之前要我在跟您在一起的时候不要拘束，而您成功了，就如同您做的其他所有事情一样。陛下至少暂时治好了我天生腼腆的毛病。"

因为不能涉及如今人们感兴趣的重大政治话题，我就希望把谈话引向同样令我很感兴趣的一个话题，于是我接着说道："每次我获准接近陛下，我都能体会到陛下登基那天，让您的敌人匍匐在您脚下的那种力量。"

"您的国家对我们存在一些偏见，那种偏见要比叛军的情绪更难克服。"

"陛下，人们看您的时候距离太远。对陛下的了解越多，评价就越高，那时陛下就会发现，哪怕是在这里，在我们当中都有很多崇拜您的人。陛下在执政之初就赢得了应有的赞扬，闹霍乱的时候也同样，甚至受到更高的赞扬。因为在这第二次叛乱中，陛下展示了同样的权威性，但这种权威性由于对人道事业最慷慨的献身精神而变得温和了。陛下您在危难时刻总是充满力量。"

"您提到的那些无疑是我一生中最好的时刻，不过对我来说，它们也是最可怕的。"

"我非常理解，陛下。要制服我们自己和别人的天性，需要努力……"

"极大的努力，"皇帝打断了我的话，那种坚定的语气把我吓了一跳，"而且这种努力要很久以后才能见效。"

"是的，不过，让人感到欣慰的是，您已经表现得很英勇了。"

"我表现得并不英勇。我只是尽了我的本分。在那样的形势下，谁都搞不清楚要做什么说什么。我们闯进了险境，但事先并没有问一问怎样从中脱身。"

"是天主让您那样做的，陛下。如果有两件很不一样的事情，比如诗和行政管理，可以拿来比较的话，我想说，您当时的表现就像诗人一边倾听上天的声音一边吟唱一样。"

"那种行动中没有诗。"

我能感觉到，我的类比不像在恭维人，因为对它并没有按照拉丁诗人的意思去理解。在宫廷里，他们习惯于仅仅把诗看作展现风趣的手段。如要证明那是照亮灵魂的最纯粹、最明亮的光，那就必须进行一场讨论。因此我宁可保持沉默。但是，让宫廷上下非常惊讶的是，皇帝很显然不愿意让我后悔惹得他不高兴，于是便继续留住我，非常友好地又开始了谈话。"您计划好的旅行路线是什么？"他问道。

"陛下，彼得霍夫庆典之后，我打算去莫斯科，我希望从那里再去下诺夫哥罗德看看集市，并在陛下到达之前返回莫斯科。"

"那样更好。我很乐意您来仔细地看一看我在克里姆林宫的工程。以前我在那里住的地方太小，所以我就另外建了一处更合适的。我会亲自向您解释，我对莫斯科这块地方布置的所有计划，那里被我们视为帝国的摇篮。但您没有时间可以浪费，因为您还有很远的路要走——距离太远了！这是对俄国的诅咒。"

"陛下不用遗憾。它们就像有待填充的画布；在其他国家，土地对于居民来说太有限了，但陛下永远不会为这个问题发愁。"

"我愁的是时间。"

"您还大有可为。"

"指责我有野心的人不了解我。我想要的远非开疆拓土，而是让所有俄国人更加紧密地团结在我周围。正是因为苦难和野蛮我才希望实现征服，因为改善俄国人的状况要比扩大我自己的权力更令人高兴。要是您知道俄国人有多么和善就好了！多么温和，多么天生就懂礼貌！您在彼得霍夫会看到他们；但我特别想在这里，在1月1日让您看看他们。"接着，他回到他最喜欢的话题，继续说道："不过，要让自己配得上统治这样的人民，并不容易。"

"陛下已经为俄国做了很多了。"

"我有时害怕本来可以做到的事情却没有做。"

这番基督徒的言论发自肺腑，甚至把我感动得落泪了。它太让人感动了，以至于我心想，皇帝比我还敏感。这话他即便想说，其实也很难说出口。他只是流露出一种美好而高尚的感情，那是一个有良知的君主内心的不安。由一个什么都必须为其增光添彩的人发出的这种人道的呼声，触动了我的内心。我们是在公众场合，因此我努力克制住我的感情。皇帝的回答更多是针对别人想到而不是说到的东西（这种洞察力就是与他交谈的魅力所在，也是他的影响力所在）。他能够感觉到自己产生的影响，感觉到我企图掩饰这种影响。他在分手时走到我跟前，很友好地拉起我的手，拍了拍说"再见！"。

皇帝是帝国中唯一可与之交谈而无须害怕有人告密的人，他也是到现在为止我唯一能够感受到自然的情感以及听到诚挚的语言的人。要是我住在这个国家，并且有秘密要隐瞒，我会首先向他吐露这个秘密。

如果他像我想的那样，骄傲胜过虚荣，自尊胜过自大，那他对于我先后刻画过的有关他各种形象的总体印象，尤其是他的谈话对我起到的效果，应该会感到满意；因为，事实上我曾尽了最大的努力去抵制他的魅力的影响。我当然不是革命者，可我还是受了革命的影响，因为我出生在法国，生活在法国。但我可以给出一个更好的理由，说明我为什么要努力抵制皇帝对我的影响。作为贵族——无论是从身份还是信念来说——我认为单是贵族就可以抵制绝对权力的诱惑或者滥用。假如没有贵族，不管是君主制还是民主制，都只会剩下暴政。看到专制我就不由自主地感到厌恶，因为它和我对于自由的理解格格不入，而这种理解既出于我天生的情感，也出于我政治上的信念。没有哪个贵族看到专制主义的拉平之手搁在人民身上还会无动于衷。可这种事情不但在绝对君主制政府里有，在纯粹的民主国家也有。

在我看来，如果我是君主，我希望社会中的那些人不仅把我当作君主，还把我当作同类。尤其是，如果抛开我的头衔而只看我本人，我仍然可以称得上真诚、坚定、正直。

请读者扪心自问，相比于读到这些内容之前，我来到俄国之后所讲的关于尼古拉皇帝的事情，有没有降低这位君主在自己心目中的形象。

我们经常有公开的交流，这除了让我可以巩固已有的熟人关系，还让我另外结识了很多人。许多我在别的地方遇到过的人又跟我热络起来，尽管只是在他们看到我得到君主的这种特别优待之后。这些人是宫廷里最活跃的人物；但世人尤其是禄虫向来就是如此，除了野心不缺，什么都缺。在宫廷里，要想使情感不变得庸俗，那就要拥有非常高尚的人所拥有的天赋，而高尚的人很少见。

俄国根本就不存在大贵族，这一点无论怎样重申都不为过，因为根本就不存在独立的人，至少除了那些非常优秀的人之外，而非常优秀的人为数太少，无法对社会产生普遍的影响。使人保持独立的，远非凭借努力获得的财富或地位，而是高贵的出身在内心唤起的骄傲。

这个国家在很多方面都和法国大不一样，但有一点却很相似，那就是不存在社会的等级制。由于国家中的这种空白，俄国和法国一样都盛行普遍的平等，因此，在这两个国家，人们的头脑都不安分。对于我们，这表现为可以看得见的鼓动和爆炸，而在俄国，政治激情是集中的。在法国，所有人都可以通过论坛来达到自己的目的[1]，而在俄国则需要通过宫廷。最底层的人要是能发现如何取悦他的君主，那明天他就可以成为地位仅次于皇帝的人。人们之所以都想得到那位神一样的人物的恩宠，是因为我们民众想要多少奇迹和神奇的变化，他的恩宠就能创造出多少。彼得堡的马屁精同巴黎巧舌如簧的演说家是一路人。俄国的廷臣不需要有多么敏锐的观察力就可以发现，取悦皇帝的一个办法就是在冬天不穿大衣走在彼得堡的大街上。这种拿气候来讨好皇帝的做法，让不止一个野心家付出了生命的代价。在不受限制的专制统治下，人的心灵就如同在共和制下一样焦虑不安、饱受折磨。但是有一点不同，专制统治下臣民的焦虑更加痛苦，因为野心要变成现实，就必须把它藏好，要保持沉默。对我们来说，做出的牺牲要想能够带来好处，那就必须是公开的，而在这里刚好相反，牺牲必须是暗地里的。不受限制的君主最讨厌的就是公开做出牺牲的臣民。超出盲目服从之外的任何热情，在他看来都很讨厌和可疑；因为例外容易使人自以为是，以为是

---

1 英译者提醒读者这些文字写于路易·菲利普统治时期。

权利使然；而在专制君主的统治下，臣民要是以为自己拥有权利，那就等于造反。

帕斯克维奇元帅[1]能够证明这些话是对的：他们不敢毁掉他，但他们想方设法让他变得无足轻重。在这次旅行之前，我对专制的了解是通过研究奥地利和普鲁士的社会得到的。我忘记了，这两个国家只在名义上是专制的，而且那里的风俗习惯有助于纠正制度上存在的问题。在德意志，专制统治下的人民在我看来是世界上最幸福的；像那样因为其风俗而变得温和的专制使我想到，专制毕竟不像我们哲学家宣称的那么可恶。我当时还不知道，在一个奴隶组成的国家中，绝对政府是怎么回事。

我们必须到俄国才能看到，把欧洲的知识和科学与亚洲的特点拼凑在一起，会产生怎样的结果。这样的结合要是保持下去，那就更可怕了，因为野心和恐惧这两种激情，在别的地方会使人说得太多而走向毁灭，在这里却导致沉默。这种强迫的沉默，制造出强迫的平静和表面上的秩序，比无政府状态本身还要牢固和可怕。在政治领域，我只认可很少的几条基本原则，因为在治理的方法上，我更相信形势而不是原则的作用，但我对原则的淡漠，并没有到能

1　伊凡·费奥多罗维奇·帕斯克维奇（Ivan Fyodorovich Paskevich，1782—1856），俄国陆军元帅，华沙公爵，埃里温伯爵。

够容忍那种必然把人的尊严完全排除的制度。

也许，司法独立和强大的贵族集团会把沉静和高尚注入俄国人的性格中，并让这片土地变得幸福；但我不相信皇帝希望用这种办法去改善人民的处境。不管一个人是多么优秀，他都不会自愿放弃自己行善的方式。

但是，我们有什么权利指责俄国皇帝贪恋权力呢？巴黎的革命与彼得堡的专制不是同样残暴吗？

不过，我们认为有必要在这里做出某种限制，以表明两国社会状况的区别。在法国，革命的暴政属于过渡时期的罪恶，而在俄国，专制的暴政却是永久的。

对读者来说，幸亏我偏离了本章开头的主题，即灯火通明的剧院、庆典表演、由法国芭蕾舞剧翻译的哑剧（这是俄国的说法）。要是我继续说下去，读者就会体会到这种戏剧性的庄严场面在我内心引起的无聊。因为没有塔里奥妮小姐 [1]，彼得堡歌剧院的舞蹈就和欧洲所有剧院在没有世界一流天才表演时的舞蹈一样冰冷和僵硬。宫廷的在场既不会鼓舞演员，也不会鼓舞观众，因为在君主面前是不允许鼓掌喝彩的。像俄国那样讲究纪律的艺术，在军事指挥的间歇表演一些短剧，给士兵们提供娱乐的效果是很

---

1 玛丽·塔里奥妮（Marie Taglioni，1804—1884），欧洲当时著名的芭蕾舞女演员，1837—1842 年在俄国演出。

好的。它们华丽、庄严、宏大，但并不真的有趣。这里的艺术家富有，但缺少灵感。财富和优雅对于有才能的人是有帮助，但对于他们来说更不可缺少的是高雅的趣味以及公共舆论的自由。

俄国人还没有文明到可以真正享受艺术的程度。目前他们对于这些事情的热情纯粹是出于虚荣，同他们对于古典建筑的热情一样虚假。假如这些人反省自己，假如他们依从自己原始的天赋，并且假如他们天生就拥有关于艺术美的观念，他们就会放弃模仿，创造出天主和自然期待他们创造的东西。到现在为止，他们所有伟大的作品加在一起，在少数生长在彼得堡的真正的业余艺术爱好者的眼中，也赶不上在巴黎的一次逗留或者在意大利的一次旅行。

歌剧院模仿的是米兰和那不勒斯的歌剧院，但米兰和那不勒斯的歌剧院比我在俄国见过的任何一座歌剧院都要宏伟和协调。

Lettre quatorzième

第十四封信

彼得堡，7 月 22 日

彼得堡的人口·荒凉的大街·建筑·巴黎卡鲁索广场·佛罗伦萨大
公广场·涅夫斯基大街·路面·解冻造成的影响·住宅内部·床·拜
访某公爵·客厅里的凉亭·斯拉夫男人的美·俄国的马车夫和左马
驭者·宪兵·这片土地富有诗意的一面·人和物之间的反差·教堂
建筑·对彼得堡的总印象·建筑拙劣但别具一格·靠近北极的自然
风光也很美·条顿人和俄国人民族性格的不相容·它对于波兰的影
响·俄国人和西班牙人的相似之处·炎热·彼得堡的燃料·俄国人
的灵巧·天主的意图·俄国将来会缺少燃料·俄国人在机械方面缺
少创造的天赋·北方的罗马人·人民与政府的关系·抹灰工·又丑
又脏的下层妇女·女人数量偏少及其后果·亚洲的风俗·俄国人的
礼貌

　　彼得堡的人口有四十五万，不包括卫戍部队。具有爱
国心的俄国人是这么说的，但那些因消息灵通而在这里被
认为不怀好意的人向我保证说，彼得堡人口不到四十万，
而且这里面还包括卫戍部队。那些被称为广场的巨大空间
构成了城市中心，矮小的木头住宅占据了广场之外的区域。
　　作为许多尚武的游牧部落的结合体的后代，俄国人直

到现在还没有完全忘记露营生活。彼得堡不像是国家的首都，倒像是军队的大本营。不管这座军事城市多么宏伟，在一个西欧人的眼里，它都好像是赤裸的、光溜溜的。

皇帝说过"距离太远是对俄国的诅咒"，这话的正确性哪怕是在彼得堡的大街上都可以得到证明。人们的马车要套四匹马，不是为了夸耀，而是因为在这里每次出访都是一次短途旅行。俄国马不缺勇气和力量，但骨架不如我们的马。糟糕的路面会让它们很快就筋疲力尽；在彼得堡的大街上，两匹马拉上一辆普通的马车，时间稍微长一点，就有点吃力。所以对于那些希望生活在上流社会的人来说，头一件要紧的事情就是要有四匹马拉的马车。可是在俄国人当中，不是谁都有权利给自己的马车套四匹马的。只有具有一定社会地位的人才可以。

离开城市中心之后，外邦人会在标注不明的路线中迷失方向。路边有些简陋的房子，看上去像是给某个大厂的劳工准备的临时住处，其实是给军队存放粮秣、服装以及别的补给物资的仓库。这些所谓的大街总是空荡荡的，长满了荒草。

这里的住宅加了那么多柱廊，算得上是豪华建筑的营房也装饰了那么多带圆柱的门廊，这座临时首都在建造方面那么喜欢借鉴外来的装饰物，结果我在彼得堡的广场上数到的人还没有柱子多。那些广场总是安静的、忧郁的，不单是因为它们的面积大，还因为它们的造型千篇一律、规规矩矩。线条和规则充分反映出绝对君主们看待事物的方式，而直角可以说是暴君建筑的绊脚石。活的建筑——如果这样说可以的话——不是靠命令就可以建造的。它可以说是自己出现的，是人的创造力和需求的不自觉的产物。造就一个伟大的国家和建造一座建筑绝对是一回事。要是有人能够证明有多少种母语，就有多少种原创的建筑风格，我是不会惊讶的。不过，对于对称的热爱并不是俄国人特有的。就我们而言，它是帝国的遗产。要不是因为巴黎建筑家这种庸俗的趣味，我们早就该拿出合理的计划，把巨大的卡鲁索广场装饰好完工了，但因为必须保持平行，一切都停了下来。

当天才的建筑师们用他们的努力，把佛罗伦萨的大公广场变成世界上最美的事物之一时，他们并没有迷恋直线和武断的比例。他们对于美的事物的构想，不是参照数学图形，而是完全自由的。正是因为在处理流行的材料时缺乏艺术的直觉和自由创造的想象力，才使得数学的眼光主宰了彼得堡的建造。在审视这个由缺少民族精神的纪念碑式建筑构成的居所时，我们时时刻刻都不能忘记，它是由一个人而不是一个民族建造的城市。那些建筑是有限的，虽然它们的规模很大。

彼得堡的主干道是涅夫斯基大街，它是三条在海军部大楼相交的直线之一。这三条直线把南城分成五个规则的部分，像凡尔赛宫一样呈扇形。它比彼得大帝在群岛附近建造的港口更现代。

涅夫斯基大街值得好好地描述一番。这是一条美丽的大街，长一里格，同我们的林荫大道一样宽。有几个地方已经栽了树，但它们的位置和巴黎的那些一样不合适。夏天被尘土侵蚀，冬天被大雪覆盖，春天解冻后树皮会割裂、剥落。涅夫斯基大街成了城里所有无所事事的人闲逛和约会的地方。不过，这些人为数很少，因为在这里，人们很少为了活动而活动，他们迈出的每一步都有愉悦之外的目的。传达命令、献殷勤、执行主人的命令——不管他们的主人是谁——能让彼得堡和帝国大部分居民活动起来的力量就这些。

这条所谓的景观大道的路面很差，是用大块凹凸不平的燧石铺成的。就像别的一些主干道一样，涅夫斯基大街的石头中间深深地嵌入了一块块长方形、有时是八边形的冷杉木，马车在上面跑得飞快。每个这样的路面都有两条两三英尺宽的木线，中间用普通的燧石分开，供辕马行路。涅夫斯基大街全程都有两条这样的路——也就是四条木头路线——一条在街左边，一条在街右边，都不会挨着房屋，因为在它们与房屋之间，用为行人插上的旗子分开了。这条又宽又漂亮的大街一直延伸到这个能居住的城市尚未确定下来的边界——只是渐渐地变得没那么漂亮和人多了，而且还更加忧郁了。换句话说，一直延伸到包围着彼得堡的亚洲野蛮状态的边界，因为在彼得堡最好的几条大街的尽头，就可以看到那种荒凉的景象。

阿尼奇科夫桥下游一点点便是叶洛戈娜娅街，它通向一处荒凉的地方，名叫亚历山大广场。我不知道尼古拉皇帝有没有看到过这条街道。这座由彼得大帝创建并经过叶卡捷琳娜二世等君主装扮过的美丽城市，最终消失在大量丑陋的货摊和作坊中，消失在大量无名的大建筑以及没有规划的巨大广场中。这里的人生来就脏兮兮的不爱干净，任由各种污物和垃圾在广场上堆放了上百年。那样的污物年复一年地堆积在俄国的城市，成了对德意志君主们的虚荣的一种抗议，因为他们吹嘘说，他们已经把这些斯拉夫人彻底改造好了。这些人原始的性格，不管怎样被强加于他们的统治所掩盖，至少在城市的某些角落还是暴露出来；如果说他们有城市，那不是因为他们想要它们，而是因为他们的军人主子强迫他们模仿西欧。这些倒霉的动物被关在欧洲文明的笼子里，做了沙皇的狂热，更确切地说是野心的牺牲品。沙皇想要成为未来世界的征服者。他们非常清楚，要征服我们，必须先模仿我们。

人们告诉我，积雪融化的时候，彼得堡街道的状况是无法想象的。涅瓦河解冻之后不到两周，所有的桥梁都被冲走，各城区之间的交通有几天会中断，而且常常是完全切断。然后，大街就会化为河床，激流奔涌。这是大自然每年都要对一个不完善的和不切实际的文明发动的叛乱，很少有政治危机会像它那样造成那么大的损失。自从了解到彼得堡解冻时的情形，我就不再抱怨那里的路面，虽然它们非常讨厌；因为我记得，它们每年都要重修。

正午过后，涅夫斯基大街、宫殿广场以及码头和桥梁都恢复了生气，各式各样奇形怪状的马车来来往往，稍稍缓解了这座欧洲最单调乏味的首都惯有的沉闷气氛。住宅的内部一样令人失望，虽然有些准备用来待客的房间很豪华，而且是英式装修，可在后院仍然可以看到种种肮脏、凌乱的迹象，马上让看到的人联想到亚洲。

俄国人的家里最不太用得着的家具是床。女仆睡在墙壁凹进去的地方，类似于法国老式的门房，男仆则蜷缩在楼梯上、门厅里，甚至据说晚上就把垫子铺在地上睡在客厅里。

上午我拜访了某某公爵。他是个大贵族，但家道中落，身体虚弱，患有水肿。他病得很重，甚至起不来，可他连能躺的床都没有——我的意思是说，在拥有比较悠久的文明的地方，竟然没有可以称得上床的东西。他住在他妹妹的房子里，他妹妹外出了。独自住在这座空荡荡的豪宅，他夜里就睡在木板上，木板上面有一条毯子和几个枕头。凡是我进去过的俄国人家，我发现帷幔之于斯拉夫人的床就跟麝香之于他们的身体一样必不可少。极度的肮脏并不总是会排除外表的雅致。不过，有时为了炫耀，他们是有床的；床是奢侈品，之所以要有，是为了尊重欧洲的上流社会，但它根本就没被用过。几个有品位的俄国人的住宅，因为一种独特的装饰而显得很高雅：客厅的一角有个人造的小花园。三个长长的花架摆在窗户周围，围成一个绿意盎然的小沙龙，或者也可以说是凉亭——它让人想到花园里的那些凉亭。花架顶端有装饰栏杆，栏杆有一人高，在到处都是家具并且因为有金色的器皿而显得热烘烘的巨大房间里，爬满了常春藤或其他藤蔓植物营造出凉爽宜人的效果。在这间碧绿色的小小"闺房"里，摆了一张桌子和几把椅子，女主人通常就坐在那里，另外还可以坐得下两三人。对她们来说，那是个清净的去处，虽然谈不上非常隐秘，但足够僻静，可以愉悦一下想象力。

这种室内灌木的效果是令人愉快的，在一个所有私人交谈都要保密的国度，这样做也在情理之中。这种习惯我估计是从亚洲输入的。

要是有一天看到俄国客厅的人造花园被引入巴黎的住宅，我是不会感到惊讶的。法国大多数时尚的女政治家的住所不会因此而变得难看。我会很高兴看到这种变革，只要它可以对付英国人。因为英国人的死魂灵对于法国人高雅的趣味和真正的民族精神造成了伤害，我永远不会原谅。英俊的斯拉夫人的体态也很轻盈、优美，虽然他们的外表仍然充满力量。他们的眼睛都是椭圆形的，眼神中带有亚洲人那种鬼鬼祟祟的狡黠的样子。不管是黑是蓝，它们总是清澈而活跃的，不停地在转动，而当他们大笑的时候，眼神非常优美。

这个国家的人民之所以十分严肃，更多是出于必要而非天性。除非是用眼睛，否则他们很少敢开怀大笑；但是，由于言论受到那样的压制，这些因为沉默而生动起来的眼睛就变得会说话了，它们表现出的感情非常强烈。那种眼神几乎总是聪明的，有时很温柔，但更多是焦躁，甚至是一定程度的狂野，让人联想到落入罗网的某种像鹿一样的野兽。

斯拉夫人天生就是好车夫，他们表现出如同他们所赶的马儿一样的好脾气。他们奇怪的样子以及他们坐骑的那种神气的样子，使得在彼得堡街头行驶的过程十分有趣。如果不考虑建筑而只看居民，这座城市和欧洲随便哪个城市都不一样。

俄国车夫直挺挺地坐在座位上；他们总是把车赶得很快，但又很安全。他们目光的准确度和敏锐度让人佩服。不管拉车的是两匹还是四匹马，每匹马都有两根缰绳。他们双臂伸开，握住那些缰绳。路上没有任何阻拦他们的障碍物；人和马都处于半疯狂的状态，全速穿过城市。这些车夫虽然鲁莽，但天生敏捷而娴熟，彼得堡的街头很少发生事故。他们常常没有鞭子，即便有，也是很短的鞭子，一点派不上用场。他们也不用出声，缰绳和嚼子是他们唯一的工具。人们可以穿过彼得堡，几小时也听不到一声吆喝。要是行人让路让得不够快，左马驭者就会发出短促的尖叫，就跟土拨鼠在窝里被惊动时发出的尖叫一样。听到这种尖叫声，大家就会闪开，于是，马车就冲过去，根本不减速。

马车通常没有一点品位，装饰很差，保养也很差。它们哪怕是从英国运来的，也没有办法长时间地承受彼得堡的道路所造成的磨损。马具是优质的皮革制品，结实的同时还轻巧漂亮。总之，虽然缺乏趣味，仆人用得也不仔细，但这些马车整体来说还是很新颖，某种程度上也可以说别具一格。

长途旅行的时候，他们只用并排的四匹马。在彼得堡，它们是两两并排；把它们拴在一起的挽绳长得完全不成比例。驾着它们的小孩就跟马车夫一样，穿着叫作阿米阿克（armiac）的波斯长袍。不管对于坐着的人穿着是多么合适，马背上的人穿着却不方便。尽管如此，俄国的左马驭者还是胆大而机敏。

我不知道该怎么描述这些斯拉夫捣蛋鬼那种严肃、傲慢的沉默，高超的本领以及冷静的鲁莽。每次我进城的时候，他们的无礼和敏捷都让我十分开心。他们看上去很快活，这在此处相比于别的地方不太常见。人在把自己的事情做好的时候，他就会自鸣得意，这是人的天性。俄国的马车夫和左马驭者是世界上最娴熟的，他们也许满足于他们的命运，不管它在某些方面是多么艰难。

还有一点必须说一下。那些为贵族服务的人对于自己的仪容甚感自豪，而且在那上面很用心，但那些出租候客的，就跟他们可怜的马儿一样，真让人同情。他们从早到晚一直在街上，在出租它们的那个人家的门口，或者在警察指定的地方。马吃东西的时候总是套着挽具，而人吃东西的时候总是在他们的座位上。相比于后者，我更同情前者，因为俄国人喜欢奴役。

不过，马车夫只有在夏天才会这样。冬天，在人们去得最多的广场中央，在剧院以及经常举办庆典的宫殿附近，会搭上避寒的棚子。棚子四周会点上大火炉，供仆人取暖；但是在一月，在有舞会的晚上，几乎没有哪次没有一两个人在大街上被冻得奄奄一息。

在我问及此类问题时，有位女士回答得比别人诚实："有可能，但我从来没有听说过。"这其实就是变相的承认。要想知道富人究竟有多么蔑视穷人的生命，要想知道在被迫生活在专制统治下的人们眼中，生命通常是多么微不足道，那就必须来这座城市看一看。

在俄国，所有人活得都很痛苦。皇帝与其最卑微的农奴几乎是一样辛苦。我见过他的床，粗硬的程度就连我们普通的劳工都会惊讶。在这里，每个人都不得不对自己重复一条严苛的真理：生活的目标在尘世间是找不到的，而实现目标的手段也不是享乐。关于义务和顺从的这种无情的形象，时刻都会闪现，让人无法忘记人生的艰难，无法忘记辛劳和悲伤！

如果说在外面散步的时候，看到少数无所事事的人，有那么一会儿会误以为俄国就和别处一样，也会有人为娱乐而娱乐，也会有人专事享乐，但看到坐着马车疾驰而过的宪兵，我很快就清醒过来。宪兵是权力的代表，是君主的指示。作为活电报，他把命令传给另一个类似的机器人。

这个机器人也许是在一千里格之外的地方等着他，而且也许和他一样不知道让他俩运转起来的那些想法。这位铁人乘坐的马车是所有旅行工具中最不舒服的，它有一个小车厢，两个皮革座位，没有弹簧或靠背。其他没有哪种马车能够承受住这个野蛮帝国的道路。第一个座位是马车夫的，每隔一段路程马车夫就要更换；第二个座位是留给信使的，他要一直奔波到死，而在过着这样生活的人们当中，这种事发生得很早。

我看到那些向四面八方快速穿过这座城市的信使，似乎代表着他们即将遭遇的孤寂。我在想象中跟随着他们，他们道路的尽头出现的是西伯利亚、堪察加、盐碱荒漠、中国长城、拉普兰、北冰洋、新地岛、波斯或高加索。这些有历史依据的或者差不多属于传说的名字，在我的想象中如同一幅巨大的风景画中一片模糊而朦胧的区域，令人想入非非，心情压抑。不过，这种幽灵般的瞎的、聋的、哑的信使，倒是很有诗意的养料，不断地提供给外邦人的心灵。这个注定要在马车上生、马车上死的人，让生活中最卑微的一幕有了忧郁的味道。在这么多痛苦和这么多豪华的排场面前，心灵根本存不下平淡的东西。必须承认，专制让受压迫的人民生活得不幸福，却让旅行家觉得很有趣，因为它总有会让旅行家惊讶的新东西。在有自由的地方，什么都会被公布出来并迅速地被人遗忘，因为什么都是匆匆地看一眼，但是在绝对政府的统治下，什么都是隐蔽的，所以什么都是猜测的。越神秘的东西就越是让人好奇，哪怕压根没有明显的利害关系，好奇心也会变得更加强烈。

好古者说，俄国根本就没有历史。的确如此，但是它占据的巨大空间以及未来的前景，可以成为想象力任意驰骋的地方。俄国的哲学家是可怜的，而诗人是可以并且应该感到满足的。

真正不幸的只有那些在强调公开的体制下注定会凋零的诗人。当所有人都可以想说什么就说什么的时候，诗人就必须沉默了。诗是一种神秘的东西，它不仅仅是用来表达言语的；在思想已经不再谦逊的民众当中，它是不可能存在下去的。诗的实质乃是幻想、讽喻和寓言；在什么都必须公开的国家中，现实毁灭了这一实质。对于热爱幻想的眼睛来说，现实总是粗劣的、令人反感的。

自然肯定在这些忧郁而惯于讽刺的人的灵魂中注入了极富诗意的感情，否则，他们永远也不可能找到办法，让完全缺乏想象力的人所建造的城市看上去既新颖又别具一格，况且这是在世界上最平坦、最沉闷、最光秃秃和最单调乏味的地区。要是我能照我看到的样子描绘彼得堡，我就会仔仔细细地画一幅画；斯拉夫人的特点与其政府白费功夫的狂热完全是背道而驰的。这种与民族特性背道而驰的政府的进步，靠的只是军事上的发展，这让人想起了在其第一任国王统治下的普鲁士。

我是在描绘一座没有性格的城市。它与其说宏伟不如说浮华，与其说美不如说大，到处都是没有风格、没有品位、没有历史意义的大建筑。但是，为了这幅画的完整，也就是说，合乎实际，我应该插入一些天生优美的人的隐隐显显的影子；他们拥有东方人的天赋，适应了这座由在别的任何地方都不存在的人所建造的城市；因为彼得堡是富人建造的，他们的想法不是通过深入的研究，而是通过对欧洲不同国家的比较形成的。这一大批多多少少有教养的旅行家，他们与其说有学问不如说有技术，组成了一个人为的民族，一个由从世界各地招募来的聪明灵巧的人所构成的共同体。俄国人民不是由他们构成的。这些人像奴隶一样，卑鄙得靠背地里嘲笑主人来安慰自己，他们像士兵一样迷信、好吹牛、勇敢和懒惰，像牧羊人一样喜欢诗歌、音乐和沉思，因为在斯拉夫人当中，长期流行着游牧生活的习惯。所有这一切无论是和彼得堡的建筑风格还是街道的规划都格格不入，因为建筑者和居民显然没有关系。彼得大帝建造这座城是为了对付瑞典人，不是为了造福俄国人；但其居民天生的性格暴露出来，尽管他们尊重自己主人的异想天开；而俄国的独创性正是因为这种不自觉的不服从。没有什么东西可以抹掉其人民原始的性格；天赋的才能战胜了指导有误的教育，这对于所有能够领会到这一点的旅行家来说，是一种很有趣的现象。

对于画家和诗人来说幸运的是，俄国人拥有一种本质上带有宗教性质的感情。他们的教堂至少是属于他们自己的。这些大型宗教建筑千篇一律的形式，乃是他们宗教的一部分，而迷信可以防止其神圣的堡垒对于长方形、平面、直线以及刻在砂石上的数学符号的狂热。总之，反对军事化的而不是古典的建筑，前者让这个国家的所有城市都像是军营，指定了要在某些大型演习期间存在几周时间。

游牧民族的特点同样可以在各种交通工具和马具中看出来，厢式马车和敞篷四轮马车已经说过了。后者小得好像完全消失在乘坐它的人下面。不难想象它在两排又长又直的低矮房屋之间快速通过时奇怪的样子；在这些房子上面，可以看到教堂和其他建筑密密麻麻的尖塔。

这些镀金或油漆的塔尖打破了单调的屋顶线条。塔尖那么细，竖在空中，让眼睛难以分辨它们镀金的表面是在何处消失在极地朦胧的天空中。它们起源于亚洲，因为直径很小，看上去就显得很高。很难想象它们在空中是怎么立得住的。

请读者自行描绘一下吧：很多簇拥在一起的穹顶，穹顶连接着四座钟楼，这是现代希腊人的教堂必须要有的；密密麻麻的涂成金色、银色或蔚蓝色的顶塔；翠绿色或佛青色的宫殿屋顶；饰有青铜塑像的广场；一条巨大的河流在画面边缘并成为它的镜子。再给它添上一座用小船搭成的浮桥，搭在这条河流最宽的地方。那儿的要塞里有彼得大帝及其家人长眠的朴实无华的坟墓。（作者附释：希腊教会的惯例是在教堂里不允许有雕塑。）那儿还有一座岛屿，岛上有几座模仿古希腊神庙的大建筑。把所有这些不同的部分都放进同一幅画面，就会明白彼得堡能有多么美丽，尽管它仿造的建筑趣味低下，尽管它周围有沼泽，尽管它地势平坦得一望无际，以及它在最晴朗的夏日都显得惨淡昏暗。

请不要因为我的矛盾而责备我。对于那些矛盾，我也意识到了，但并不打算避开，因为我思考的事物本身就是矛盾的。如果我不是常常显得自相矛盾，我就无法表达对于所要描述的对象的真实想法。要是我不是那么诚实，我就会表现得比较一致，但是在物理秩序中就像在道德秩序中一样，真相不过是很多截然相反的东西的集合——反差是那么明显，以至于可以说，自然和社会之所以被创造出来，只是为了把互相反对、互相排斥的成分都捏合在一起。

没有比正午的彼得堡的天空还要乏味的东西了，但晚上和早晨——它们的微光占据了整个生命周期四分之三的时光——却美妙极了。夏日的太阳除了大概在午夜短暂地沉下去之外，会一直沿着与涅瓦河及其流经的低地一样高度的水平线，长时间持续地飘浮在空中。它照耀着这片荒原，灿烂的阳光足以让自然最阴郁的方面也显露出美丽。但是，这种美所唤起的不是热带风景的强烈色彩所勾起的那种热情，而是梦的吸引力，充满回忆和希望的睡眠难以抵挡的影响力。此刻在岛上散步看到的是一幅真正的田园牧歌式的画面。毫无疑问，要想让这些画面成为好的作品，还欠缺很多东西，但自然对于人的想象施加了比艺术更为有力的影响，其朴素的外观在所有的气候带都足以提供灵魂所必需的赞美的对象。天主使得极地附近的土地极其沉闷荒凉，尽管如此，创造的奇观在人类的眼中，永远是对造物主意图的最雄辩的诠释者。秃头难道就不美吗？就我而言，我认为彼得堡的郊区就非常美：那里有一种忧伤、沉郁、晦暗的肃穆之美，在丰富多样方面和地球上最著名的景色一样，给人留下了强烈的印象。那里呈现的不是人为的浮华，不是惬意的发明，而是极度的荒凉，和死亡一样令人敬畏而又美丽的荒凉。从其平原的一端到另一端，从其海洋的一边到另一边，俄国到处都听到天主的无论如何都无法压制的声音，对因为其小小的城市不值一提的豪华而自鸣得意的人类说："你们的劳作是徒劳的，我才是最伟大的！"相比于既没有激情也没有柔情的寻常面孔，一张缺乏美的面孔往往更富有表现力，给我们的记忆留下的印象更加难以磨灭。这就是我们追求不朽的本能产生的后果，即尘世居民最感兴趣的莫过于那些对其来说超自然的东西。

各民族原始天赋的力量是多么令人敬佩！一百多年来，俄国人当中的上层阶级，这片土地上的贵族、学者和有势力的人，一直在乞求获得欧洲社会的观念并模仿欧洲社会中的典范，可君主和廷臣们这种荒唐的幻想，并没有阻止人民保持原创性。（作者附释：这话既是对彼得一世及其诸多后继者的责备，也是对尼古拉皇帝的称颂，因为他开始制止这股疯狂的潮流。）

天赋异禀的斯拉夫人没有不加辨别地与条顿人混淆在一起。时至今日，德意志人的性格与俄国人的相似性，也不如西班牙人与其带有阿拉伯血统的混血人种。迟缓、阴沉、粗俗、胆怯、笨拙与斯拉夫人的特点毫无共同之处。他们宁可忍受报复和暴政。就连德意志人的长处也让俄国人讨厌；因此，尽管俄国人犯下了宗教和政治的暴行，尽管德意志人拥有罕见而可靠的优异品质，但俄国人没用多少年就在华沙的公共舆论方面取得了比普鲁士人更大的进步。我提起这事，不是说它令人满意，而只是说它是个事实。不是所有的兄弟都能相亲相爱，但所有的兄弟都能相互理解。

至于我认为可以在某种程度上发现的俄国人与西班牙人的相似性，其原因在于，某些阿拉伯部落与某些从亚洲进入莫斯科大公国的游牧部落之间，也许原本就存在亲缘关系。摩尔式建筑与拜占庭建筑有类似之处，而拜占庭建筑是真正的莫斯科大公国人模仿的对象。非洲的亚洲漫游者的特点是不可能与其他新近在欧洲站稳了脚跟的东方民族的特点相反的。历史就是各民族之间逐渐相互影响的过程。

但要说到人民中间宗教的差异和风俗习惯的多样性，我可以设想自己此刻是在卡斯蒂利亚[1]的最高、最贫瘠的平原上。其实我们现在正在经受着非洲的那种酷热；彼得堡有二十年没有见识过这么炎热的夏天了。

虽然这么炎热，但我看到俄国人已经在准备冬季的燃料了。桦树是这里唯一的燃料（因为橡树比较珍贵）。在这里无数纵横交错的宽阔的运河上，挤满了装着桦树柴火的船只。这座城市是按照阿姆斯特丹的模式建造的。涅瓦

1　西班牙中部和北部地区。

河有条通道流经几条主要的大街，冬天它被冰雪覆盖，夏天上面是数不清的船只。船上的木柴用简陋、狭长的大车运送。大车上的木柴堆得很高，好似一堵移动的高墙。我从来没有看到这些摇摇晃晃的高大建筑倒下来。

俄国人非常灵巧，他们被人类的革命赶向极地并因为政治形势而留在那里，这一点有违自然的意志。他们如果进一步洞察天主的意图，也许就会承认，与自然的斗争是天主对一个民族的考验，而这个民族注定了要在将来统治其他民族。一个需要严酷斗争的环境乃是天主的学校。

在俄国，燃料正在变得越来越匮乏。木材在彼得堡就和在巴黎一样贵。这里的房子每年冬天都要消耗价值九千到一万法郎的木材。看到森林遭到的砍伐，我们可以扪心自问，下一代人将如何取暖。

要是可以开句玩笑，我就建议在气候宜人的地方生活的人们聪明一点，给俄国人送点什么，把炉火烧得旺旺的，那样他们就不会那么觊觎南方的太阳了。

用来运送城市污物和垃圾的马车又小又不方便。使用这样的马车，人和马一天只能干很少的活。总之，俄国人宁可把他们的灵巧用在使用低级工具的方式上，也不会努力完善他们的工具。他们没有什么创造力，所以往往就缺少对于他们想要达到的目的来说合适的机械装置。这个民族是那么优雅和灵巧，却一点没有创造的天赋。俄国人是彻头彻尾的北方的罗马人。这两个民族的艺术和科学都是来自外邦人。前者聪明，但那是一种模仿的因而具有讽刺意味的聪明。它什么都模仿，结果没有一点想象力。在暴君和奴隶的性格中，嘲弄是一种普遍的特点。所有被压迫的人都喜欢诋毁、讽刺和滑稽的模仿；他们用讽刺为自己被动的地位和所受的侮辱复仇。各民族与其政府之间存在的那种关系的本质仍然有待阐明。在我看来，每个民族都有它唯一可能拥有的政府。不过，我不会装模作样，要推行这种体系，或者详细地阐释这种体系。这件事就让比我优秀和聪明的人去做吧。我眼下的目标没有那么高远，只是去描述彼得堡的大街和码头上让我印象最深的事情。

涅瓦河的几个河段挤满了干草船。这些外表非常可笑的乡下船只比许多房子还大；它们挂着草席，看上去别具一格，像是东方的帐篷或中国的帆船。

房子内部害虫泛滥，外表每到冬天就会损坏，对于这样一个城市来说，抹灰工这个行当十分重要。俄国抹灰工干活的方式很奇怪，他们一年中只有三个月可以在室外干活，因此工匠的数量相当多，在每条大街的街角都可以看到他们。这些人冒着生命危险，在拴着长绳的小木板上，如同昆虫一样悬空贴在他们粉刷的大建筑上。

在外省，他们把皇帝可能路过的市镇粉刷一新：这是要向最高统治者致敬呢，还是想蒙骗他，不让他看到国家可怜的样子呢？俄国人身上通常会有难闻的气味，隔着老远就可以闻到。上层阶级是麝香味，普通人是卷心菜味，混有呼出的洋葱味以及洒了香水的未脱脂的旧皮子味。这些气味从来没有改变。

由此可以想象，1月1日那天进入皇宫向皇帝贺岁的三万臣民，以及我们将会在明天看到的涌进彼得霍夫宫的六七千人，一路上肯定留下扑鼻的香气。

到目前为止我在街头遇到的下层妇女，在我看来没有一个是美丽的；她们大多又丑又脏，令人厌恶。一想到她们的丈夫和儿子眉清目秀，拥有完美的古希腊人的侧影，体型优美和柔韧，甚至在这个国家最下层阶级中也能看到这样的男人，就让人感到惊讶。没有哪个地方像俄国那样，上了年纪的男人是那么英俊，而上了年纪的女人又是那么丑陋。我很少见到市民的妻子。彼得堡有个奇怪的地方，那就是相对于别的国家的首都来说，女人的数量比男人少。我可以肯定，前者顶多不超过该市人口的三分之一。女人的数量少，这让她们简直太珍贵了。她们引起那么热切的注意，结果在居民不太多的区域，过了某个时间，几乎没人会冒险独自来到大街上。在一个完全军事化的国家的首都，并且是在沉溺于酒精的民众当中，这种谨慎在我看来有足够的理由。俄国女人一直不太像法国女人那样抛头露面。没有必要去追溯，她们是在什么时候像亚洲的女人一样，足不出户地度过一生的。有关这种保守的习惯的记忆还没有完全消退；它就像俄国其他许多习俗一样，让人想到这个民族的起源。它让彼得堡的街头和晚会显得沉闷无趣。这座城市最好看的场面是游行；它印证了我前面说过的话，即俄国的首都是座兵营，比纯粹的露营稍微稳定和太平一点。

彼得堡几乎没有咖啡馆，内城也没有任何得到批准的公共舞会。散步的地方几乎无人光顾，在那儿遇到的人也都一脸不开心的严肃的样子。

但是，如果说恐惧让人变得严肃，它还使人变得非常有礼貌。在别的地方，我从来没有见过那么多属于各个阶级的人彼此都客客气气。马车夫规规矩矩地向同伴行礼，而他的同伴在经过时也没有不还礼的；脚夫向泥水匠行礼，其他人也都一样。这种礼貌或许有点做作，至少我是觉得过分了。不过，哪怕是表面上的客套也可以让生活变得更加愉快。如果说连假装的礼貌都那么有价值，那真正的礼貌，也就是说，发自内心的礼貌，会有怎样的魔力啊！

对于拥有好的品质并且听到什么就信什么的旅行家来

说，在彼得堡小住会十分惬意。最大的困难在于如何逃避各种晚宴和聚会，那是俄国真正令人苦恼的事情，而这其中还要加上外邦人可以参加因而缺少亲密性的各种社团。

我在这里只接受过很少的私人邀请。我主要是好奇，想看看庄严的宫廷仪式，但我已经看得够多的了；对于在思考时内心缺乏共鸣的奇观，一个人很快就会厌烦了。

第十五封信

彼得霍夫，7 月 23 日

彼得霍夫庆典·主人官邸中的臣民·皇帝的巨大权力·叶卡捷琳娜
女皇的办学动机·现任皇帝的看法·俄国人的好客·外国人对俄国
的描述·游记作者的写作动机·俄国没有中产阶级·神父的子孙·死
刑·民众绝望无助的痛苦·想在俄国讨人喜欢的外国人必须遵守的
规则·农民的品行·官邸中的小偷·《辩论报》·彼得霍夫所在的
位置·花园灯会·市民的露营·英国官·沉默的人群·舞会·农民
的良好秩序·海湾中的事故·凶兆·皇后的生活方式·对灯会的描写·检
阅士官生·一名受宠的士官生·切尔卡西亚近卫军

　　必须从物质和精神两个不同的角度来看待彼得霍夫庆
典，那样一来，同一场面就会产生非常不同的印象。

　　我从来没有见过比这种声称是廷臣与农民的全民联欢
想起来更美的事，也没有见过比这想起来更可悲的事。廷
臣和农民汇聚一堂，却没有任何真正投契的交流。从交往
的角度说，这情景我不喜欢，因为在我看来，皇帝展示这
种受民众爱戴的假象，既贬低了尊贵者，也没有抬高卑微
者。天主面前人人平等，而俄国人的天主就是皇帝。这位

最高统治者高高在上，在他的眼里，农奴和贵族根本没有区别。从他所处的高度，他不会在意把人类区分开来的那些小小的差别，就像在太阳上的居民面前，地球的表面没有起伏一样。

皇帝允许特权的农民和拣选的商人一年两次去献殷勤。（作者附释：一次是1月1日在彼得堡，一次是皇后生日那天在彼得霍夫。）当皇帝将宫殿向他们开放的时候，他不是对劳工或商人说，"你们和我一样也是人"，而是对大贵族说，"你们和他们一样也是奴隶，而我，你们的天主，对你们来说，同样高高在上"。撇开所有的政治虚构不谈，这就是庆典在精神上的意味，而在我看来，正是这一点使它变了味。作为旁观者的我注意到，对于此事，君主和农奴要比专职的廷臣高兴得多。

为了成为大众的偶像而贬低其他所有人乃是一种残忍的游戏，是专制统治的娱乐。要是放在一个世纪以前，它或许会赢得人们的称许，但如今，随便哪个已经到了有阅历和反思能力年龄的人，它都骗不了。

这种做法不是尼古拉皇帝发明的，正因为如此，就更应该由他来废除。但必须承认，在俄国，不论废除什么都不是没有风险的。人民需要法律的保障，结果只能靠习俗的保护。固守习惯做法——那是靠叛乱和毒药来维护的——是体制的基础之一，君主的周期性死亡则向俄国人证明，这种"体制"知道如何使自己得到尊重。这样一台机器的平衡，在我看来非常令人费解。

在装饰之华丽和各阶层服装之别致多样方面，对于彼得霍夫庆典，不论怎么夸奖都不为过。我读过或听过的所有关于它的描绘，都不能让人对这种恍若幻境的场景有足够的认识；现实胜过想象。

读者得想象出一座建在阶地上的宫殿。阶地的高度如同山丘，矗立在一望无际的平原上——那里非常平坦，六十英尺高处的视野就会极为开阔。在这座宏伟的建筑脚下，有一处巨大的花园，一直延伸到海边。海上可以看到有一排战舰，它们在庆典当晚灯火通明。到处都张灯结彩，如同燃起了大火，从宫殿所在的小树林和阶地一直蔓延到芬兰湾的海上。一盏盏彩灯在园子里制造出白昼的效果。照亮树木的是五颜六色的太阳。在阿尔米达的这些花园里，灯的数量不是以几千或几万，而是以几十万来计数的。从宫殿的窗户看过去，可以把它们尽收眼底。宫殿里挤满了毕恭毕敬的人，他们仿佛一直生活在宫廷里。

不过，在这种想要完全抹平地位差别的聚会上，依然可以看出各个阶级的特征。不管专制制度如何打击贵族，俄国如今还是存在不同的等级。这里说的是与东方的又一个相似之处，也是按照与该国政府一起运转的那些人的习惯所确立的社会秩序中一个相当突出的矛盾。因此，皇后的这次庆典是绝对权力的名副其实的狂欢——我透过看似无序的舞会，见识了主宰整个国家的秩序。我所遇到的那些人，要么是商人、士兵、劳工，要么是廷臣。各个阶级从其着装就可以分辨出来。一件衣服，要是它不能表明人的地位，一个人，要是他的价值全在于本人的品质，就会被认为与不安分的革新者以及鲁莽的旅行家带来的欧洲新发明一样不合常规。决不要忘了，我们这是在亚洲的边缘：在自己国家穿着长袍的俄国人，在我看来就像外国人。

留着胡须的真正的俄国人，在这个问题上和我的想法一样。他们聊以自慰的是认为他们有朝一日可以按照古老的习惯，杀掉所有那些自命不凡的不信教的人，因为这些人为了赶上外国人的文明而轻视自己的民族、背叛自己的国家。

俄国位于两大洲的交界处。欧洲文明与亚洲文明本质上是不会完美融合的。莫斯科大公国社会的治理，到现在为止，靠的只是对两种截然不同的文明因为接触而产生的暴力和冲突的听之任之。这给旅行家提供了一个即便不能让人感到安慰，也算是很有意思的思考领域。

舞会是一场盛大的晚会。它自称化装舞会，因为男人都戴了一小块叫作威尼斯斗篷的丝绸，它在制服上方飘动的样子很可笑。这座古老宫殿的所有大厅都挤满了人，到处都是头发油腻的脑袋，而在这所有的脑袋之上，高昂着皇帝那颗骄傲而尊贵的头颅。皇帝的身材、嗓门和意志，同样也高于他的臣民。这位君主似乎配得上而且也有能力征服人们的内心，正如他在外表上胜过他们一样。他的身上有一种神秘的影响力；在彼得霍夫，在游行的时候，在战争中，在他生命的每一刻，都可以在他身上看到那种统治力。

六千万臣民之所以活着，只是因为面前看到的那个扮演着皇帝角色的人允许他们喘气，并给他们规定了使用这种许可的方式。如果六千万臣民的生存无须依赖这种亘古不变的戏剧表演，这种永久的统治以及对它永久的崇拜，就成了名副其实的喜剧。应用于社会生活的机制，正是神圣的正义。这就是表演严肃的一面，其中相关的事情都具有非常严肃的性质，以至于恐惧很快就打消了发笑的念头。

如今的世界，比如在土耳其，甚至是中国，没有谁能拥有并行使尼古拉皇帝那样的权力。请读者想象一下，把我们现代政府经过几百年的实践而得到完善的所有技巧和经验，用在一个仍然年轻的、未开化的社会；把西方行政管理的所有惯例用来帮助东方的专制统治；把欧洲的纪律用来支持亚洲的暴政；把警察用来掩盖野蛮状态，为的不是摧毁它，而是让它永久化；把欧洲军队训练有素的残忍的武力和战术用来巩固某种东方的体制——如果他能设想出处于半野蛮状态的人民在变得文明之前就被征召入伍并接受训练，他就能理解俄罗斯民族的社会和精神状态。利用欧洲各民族在治理艺术方面不断取得的发现去统治六千万东方人，从彼得一世开始就已经成为治理俄国的那些人研究的难题。

叶卡捷琳娜大帝和亚历山大的统治，只是全面延长了这个民族的婴儿期，结果它到现在仍然只是名义上的存在。

叶卡捷琳娜创办了一些学校，为的是取悦法国的哲学家，因为她的虚荣渴望得到他们的夸奖。莫斯科总督是她旧日的宠臣之一，他得到的报偿就是风风光光地外放到帝国的古都。一天，他写信给她，说谁都不愿把孩子送去上学。女皇的答复大意如下：

> 亲爱的公爵，请不要难过，因为俄国人根本没有求知的愿望。我之所以创办学校，不是为了我们自己，而是为了欧洲，

因为我们必须在其评价中维护我们的地位；如果我们的农民真的希望变得有见识，那无论你我，都不可能继续留在我们的位置上。

这封信是有人读给我听的，我对这个人的话深信不疑。女皇在写信的时候无疑有点忘乎所以，但也正是因为那样心不在焉，她才被认为和蔼可亲，才会对富于想象的男人的心灵产生极大的影响力。

按照通常的策略，俄国人会否认这则轶事的真实性，但是，即便不能确定这些话严格的准确性，我也可以断定，它们的确表达了那位君主的想法。由此可以发现那种支配并折磨着俄国人的虚荣心理，它甚至从源头那里就把统治他们的权力引入了歧途。

希望得到欧洲的好评，这种不幸的愿望就像幽灵一样在思想深处纠缠着他们，使得他们之间的谈话沦为一种玩得多多少少都很娴熟的把戏。

现在的皇帝拥有明智的判断力和透彻的理解力，他看到了潜在的危险，但他能避开吗？要想纠正俄国人的头号腐蚀者所造成的罪恶，需要的可不只是彼得大帝的力量。

如今的困难具有二重性；农民的心灵依旧是粗野的、野蛮的，而习惯和性格又使其逆来顺受。与此同时，贵族的附庸风雅与民族的性格相悖，而所有想让民众变得高贵起来的企图，都只能以民族性格为基础。多么错综复杂！谁能解开这个现代的戈尔迪之结[1]？

我钦佩尼古拉皇帝。只有天才才能完成他交给自己的任务；他看到了罪恶，他已经想出了纠正的办法，而且他正在努力把自己的想法付诸实施。

但是，一个人执政的时间能够长得把一个半世纪前埋下的罪恶清除干净吗？罪恶根深蒂固，它甚至引起了最漫不经心的外邦人的注意，而且那还是在一个人人都刻意欺骗旅行家的国度。

在俄国旅行的时候，轻率、肤浅的心灵很容易用幻想来满足自己；但不管是谁，只要把眼睛睁开，并把一点点观察力与独立的思考结合起来，就会面临一项持久而艰难的任务，那就是在各个方面发现并且辨别出，在同一个社会中进行的两个民族之间的斗争。这两个民族分别是真实的俄国，以及他们想呈现在欧洲眼中的俄国。

皇帝比谁都容易受错觉的欺骗。读者会记得叶卡捷琳娜的赫尔松之旅；她走过的地方荒无人烟，但他们为她在沿途每隔半里格就搭起几排村庄，而她因为在这出暴君扮演傻瓜的戏剧中没有来到幕后，便以为她的南方各省人口

---

1 戈尔迪之结（Gordian knot），希腊神话中弗利基亚国王戈尔迪打的非常难解的结。

稠密，尽管那里连年歉收，而歉收的原因在于她的政府的压迫而不是自然的严苛。由皇帝委任负责俄国具体行政管理事务的人，现在还在施展手段让君主受到类似的欺骗。

外交使团和一般的西方人总是被这个拜占庭政府以及整个俄国看作抱有恶意和嫉妒心理的间谍。在这点上，俄国人总是以为外邦人羡慕他们：他们以己之心来猜度我们。

俄国人的好客虽然受到吹嘘，但也已成了一门艺术，而这门艺术又可以变成一种巧妙的策略——付出尽可能少的真诚就让客人感到满意。在这里，礼貌只是双方用来掩饰恐惧的方式。这种恐惧双方都有，同时也是双方互相造成的。我到处都听到人们说着哲学的语言，也到处都看到压迫是当今的秩序。他们对我说："我们很乐意放弃专制，那样我们就会更加富有和强大，但我们不得不和一个亚洲民族打交道。"同时，他们心里又想："我们很乐意不再谈论自由主义和博爱，那样我们就会更加幸福和强大，但我们必须和欧洲的各个政府打交道。"

所有阶级的俄国人都非常一致，齐心协力促成双面性在他们中间的胜利。他们擅长撒谎，生来就喜欢骗人，这一点很可恶。我在别处赞赏的，在这里成了我憎恶的，因为我发现为它们付出的代价太高；秩序、耐心、沉静、精致、恭敬，在劳心者与劳力者之间应当存在的那种天然的和精神的联系，总之，所有能让组织良好的社会具有价值和魅力的东西，所有能让政治制度具有意义和目标的东西，在这里都消失了并混淆在一种单一的心理中，那就是恐惧。在俄国，恐惧代替了思想，或者更准确地说，恐惧让思想麻木了。这种心理在其单独居于主宰地位的时候，只能造成文明的表象；不管短视的立法者会怎么说，恐惧永远不会成为一个组织良好的社会的推动力量。它不是秩序，而是掩盖混乱的外衣。缺少自由的地方必定也缺少热情和真理。俄国是一具没有生气的躯体，一个只靠头颅活着的巨人；至于它的四肢，已经全都失去了力量并在萎缩！这就造成一种深层的焦虑，一种难以言表的不安。这种不安就像法国的新革命者的不安一样，不是源于思虑的模糊、伤害、物质繁荣的餍足或者不同力量的结盟所引起的嫉妒心理，它表现的是真正的苦难，反映的是根本性的弊病。

我相信，世上没有哪个地方的人享有的真正的幸福比俄国还少。我们自己也不幸福，但我们觉得幸福在我们的能力范围之内，可在俄国人当中，它却可望而不可即。想象一下，在专制统治平静的表面之下，沸腾着共和主义的激情（因为在俄国皇帝的治下，虚构的平等再次流行起来）！这是一种可怕的结合，尤其是从它将来对于世界的影响来看。俄国是一大锅沸水，盖得严严实实，却放在烧得越来越旺的炉火上。我担心爆炸，而皇帝在其辛辛苦苦的统治过程中，已经经历过几次那样的恐惧。他在和平时期跟战争时期一样辛苦，因为在我们的时代，帝国就和机器一样，都因为闲置而坏掉了。

因此，正是这个没有躯干的头颅，正是这个没有民族的君主，举办了有民众参加的庆典！在我看来，在制造出受到民众爱戴的表象之前，他该先制造出人民来。

实际上，这个国家特别适合于各种各样的欺诈。别的地方也有奴隶，但要找到一个连奴隶都表现得彬彬有礼的国家，那就必须得去俄国。真不知道最该惊奇的是哪一个，是表里不一还是虚伪。叶卡捷琳娜二世没死，因为她的孙子尽管性格直爽，但俄国仍然是靠粉饰来治理的。在这里，如果承认暴政，那将是一个有益的进步。

在这个方面，就如同在其他许多方面一样，描写过俄国的外国人与当地人串通一气，蒙骗世人。作家们从欧洲各处汇聚此地，大多是为了渲染俄国皇帝与其臣民之间令人感动的亲密关系，可是，还有比这帮曲意逢迎的人更不可靠的吗？专制统治的假象难道就那么有力，能把纯粹的旁观者也给征服了？要么是除了其地位或性格不允许他们保持独立的人们之外，这个国家到现在为止还没有其他人描写过，要么是最真诚的人一旦进入俄国就失去了判断的自由。

至于我，我用我对掩盖真相的厌恶来抵制这种影响。

我只痛恨一种罪恶，那就是作假，而我之所以痛恨，是因为我认为，它是其他所有罪恶的源头，并且包藏了其他所有的罪恶。因此，只要我碰到作假的事情，我就会努力揭露它；正是出于对作假的憎恶，我才有了把这些旅行记录下来的欲望和勇气。我旅行是因为好奇，而我把旅行中的见闻讲出来，是因为责任。对于真理的热爱是件鼓舞人心的事情，它可以代替活力、青春以及开明的观点。这种态度对我影响很深，甚至让我爱上了我们生活的时代。我们生活的时代虽说有点粗俗，但至少比之前的时代诚实。它的突出之处在于，它对所有的装模作样都深恶痛绝，尽管这种深恶痛绝有时表现得很粗鲁，没有礼貌。我也极为反感那些装模作样的事情。对虚伪的痛恨成了指引我走过人世迷宫的火炬。那些骗子不管用的是什么伎俩，在我看来都是毒害他人。他们的地位越高，权力越大，就越是有罪。

正是出于这样的想法，我并不欣赏昨天的场面，虽然那场面十分悦目。它美丽、壮观、奇特、新颖，但它也是骗人的。想到这点，它所有的光彩便荡然无存。对于真理的热爱如今已占据法国人的心灵，但俄国人仍然不懂。

他们在君主面前表现出的恭敬和亲昵在欧洲被大肆宣

扬的这群人，到底是什么人？你们不要自欺欺人，这些人是奴隶中的奴隶。据说是凑巧过来参加皇后庆典的农民，其实是由大贵族选送的。和农奴中这部分精英在一起的还有最体面和最有名的商人，因为，为了让老派的俄国人满意，必须有一些留着大胡子的人。从伊丽莎白女皇那时候开始，因为性格优异而被俄国君主抬举为其他人榜样的人，其实就是这样。我估计这种庆典就是从她在位时传下的。现在的尼古拉皇帝虽然性格刚强、目的纯正可敬，并且拥有其公德和私德所赋予他的权威性，要想取消这种习惯的做法，或许仍办不到。所以说，哪怕是在表面上权力最不受限制的政府的统治下，环境实际上也比人更有力量。

没有什么比一个人——不管其地位有多高——对一个民族说"你们被骗了，我不会再跟着你们犯错"更危险了。庸众坚持谬误而不是真理，甚至坚持伤害他们的谬误，因为人的骄傲宁可相信来自人的东西，也不相信来自神的东西。这在任何政府的统治下都是如此，但在专制统治下尤其如此。

没有谁会害怕彼得霍夫农民的那种独立性。它制造了专制君主喜欢的平等和自由！吹捧它不用冒什么风险，可要建议俄国逐步解放，那很快就会看到，在这个国家，人们会怎么议论你。

昨天，我听到旁边走过的廷臣在吹嘘他们的农奴是多么礼貌——"有谁在法国看到过这样的庆典"，他们说。我很想回敬他们："要想比较我们两个国家的人民，那得等到你们有了才行。"

当时我还想起了，我曾经给塞维利亚的底层社会办过的一次庆典。那是在斐迪南七世的专制统治下，但那些西班牙人真正的礼貌——他们尽管在法律上不自由，可事实上是自由的——让我想做一番对俄国人不太有利的对比。（作者附释：参见拙著《斐迪南七世治下的西班牙》。）

俄国是一本书，它的目录很漂亮，可要想更进一步那就要小心了。如果把书打开，你就会发现，做的和说的根本就不一致，因为所有章节都是有名无实。俄国的森林有多少只是沼泽，从那里根本就砍不到一捆柴！有多少驻扎在远方的团队没有士兵，有多少城市和道路还只是规划！这个民族本身到现在为止也不过是贴在上当受骗的欧洲身上的一则广告。在这里，我发现除了皇帝的生活之外，没有真正的生活，除了宫廷体制之外，没有别的体制。

理应成为中产阶级的商人为数太少，在国内没有任何影响力，而且他们几乎全都是外国人。一代人当中，作家有一两个。艺术家和作家一样，因为稀有而受人尊敬。这对他们个人的前途虽然有利，可对他们的社会影响是有害的。在没有正义的国家，也没有合法的辩护人。那么，从哪里可以找到成为别的国家的活力之源的中产阶级呢？没有它，人民不过是一群由少数训练有素的看门狗领着的乌合之众。我没有提到另外一个阶级的人，他们既算不上是上层，也算不上是下层。这些人就是神父的子孙，他们几乎全都成了下层雇员，成了在俄国泛滥成灾的委员和代表。他们属于小贵族，地位卑微，非常仇视大贵族。他们身为贵族，可在思想上却反贵族——在这个词真正的政治含义上说——同时他们对于农奴来说又是非常沉重的负担。即将开启俄国革命的正是这些人（作为允许神父结婚的教会分裂的结果，他们成了国家的麻烦）。

这片土地上没有死刑，除非是犯了叛国罪；但有些犯人他们还是杀掉了。法典比较温和，传统的习惯则比较残暴，他们调和两者的方式是这样的：假如有犯人被判处超过一百下的鞭刑，对此判决的含义心领神会的行刑者就会用人道的方式处死他，即第三鞭会打在他的要害部位。可死刑却废除了！即使宣布采取最无耻的暴政，也要好过那样让法律撒谎。

要是有人觉得我对俄国的评价过于苛刻，那我必须说，我从每天的人和事中不得不得出这样的印象，所有具有人道精神的朋友处在我的位置也会得出这样的印象，只要他像我一样在看的时候，努力超出给他看的东西。

这个帝国是很大，但不过是座监狱，钥匙掌管在皇帝那里。除了君主的痛苦之外，没有什么能超过臣民的痛苦。我一向认为，看守的生活和囚徒的生活差不多，所以我对于那种一方以为自己远没有另一方可怜的错觉十分惊讶。

这里的人既不懂得文明人从交往中得到的真正的享受，也不懂得野蛮人绝对的、动物般的自由，更不懂得半野蛮人在行动上的独立性。除了虚荣的梦想和喜欢发号施令之外，我丝毫看不出，对于生在这种体系下的痛苦有什么补偿。每当我回过头来试图分析俄国居民的精神生活，我都会无意中发现这些强烈的情感。俄国就像士兵一样思考和生活！一个士兵，不管他可能属于哪一个国家，恐怕都算不上市民，而在这里就和在任何地方一样，也不能说他是市民。确切地说，他是终身的囚徒，注定要去看管别的囚徒。

应当看到，和别的地方相比，监狱这个词在这里还有别的含义。一想到在一个人人都要学会谨慎的国度，用沉默来隐瞒不让我们同情的种种暗藏的暴行，就令人发抖。讨厌隐瞒自己观点的人应该来到这里。谈话中任何小小的查问，表情的任何变化，声调的任何起伏，都告诉我轻信和坦率是危险的。

就连住宅的外表也让人联想到人们在这片土地上不幸

的生活。

如果我跨过某个大贵族宫邸的门槛，看到那里阔绰奢华的陈设中令人作呕的、掩饰不住的肮脏；如果我，哪怕是在豪华的屋宇下吸入了害虫，我的思绪不会停留在仅仅由感官呈现的东西上，而是会继续漫游，看到所有的污秽和腐败，它们必定会毒化一个连富人也不怕沾上可恶的东西的国家的牢狱。当我因为房间潮湿而感到难受的时候，我想到在彼得堡喀琅施塔得要塞的水牢里，以及其他许多我连名字都不记得的地牢里，也因为潮湿而受苦的可怜人。我在街上遇到的士兵脸色苍白，让我联想到那些负责为军队提供给养的人中饱私囊。这些拿了皇帝的钱给皇帝的近卫军提供伙食的卖国贼，他们的欺上瞒下就用铅灰色的线条写在这些可怜人灰白的脸上。他们被那些只在乎自己尽快发财，不在乎让政府蒙羞，不在乎被他们害死的奴隶军团诅咒的人，夺走了有益于健康的甚至是足够的营养。最后，在这里每走一步都可以看到西伯利亚这个幻影出现在我的面前；而我认为，政治的荒漠、苦难的深渊、活人的坟墓之类的说法本身就说明了一切。那是臭名昭著的罪犯和伟大的英雄居住的地方，是这个帝国不能没有的殖民地，就像宫邸不能没有地窖一样。

旅行家要是轻信这个国家的人的说法，即便从一端到另一端走遍整个帝国,回去时还是什么都没有看到,除了一连串的假象。这是他为了让东道主高兴而应该做的。我知道是这么回事,但我无法为他们的热情付出如此高的代价。

假如有外邦人表现得特别积极,起早睡晚,舞会和检阅一次也不落下,总之,假如他一直东跑西颠而无所用心,那他到哪里都会受到欢迎、关心和热情款待。每次皇帝跟他说过话,都会有一群陌生人亲热地拉着他的手,满脸堆笑,临了还说他是个了不起的旅行家。他让我想起了莫里哀戏剧中被穆夫提捉弄的那个资产阶级绅士。[1] 俄国人造了一个法语词语,非常贴切地说明了他们政府的殷勤好客:在说到他们用一场场招待会来使之丧失判断力的外国人时,他们说,"我们必须给他们'戴上花环'"。但外邦人要注意,一点也不能露出热情消退的样子。要是露出一点点疲态或识破的样子,那就会看到,脾气最尖酸刻薄的俄国人会像被激怒的蛇一样起来攻击他。(作者附释:众所周知,一种肯定能成功的讨好方式是,不穿大衣或斗篷就来到彼得堡的大街上,出现在皇帝的眼前。这种勇敢的奉承气候的方式,可能会让做的人付出生命的代价。在用这种

---

1 参见莫里哀的戏剧《资产阶级绅士》(1670 年)。穆夫提是伊斯兰教的宗教领袖。

方式来取悦君主的国度，要想得罪他也不难。）

　　就像讽刺挖苦是贵族最擅长的娱乐一样，对于被压迫者能起到虚幻的安慰作用的嘲弄，在这里是农民的娱乐。冷嘲热讽和模仿是我在俄国人中发现的唯一天赋。外邦人一旦受到他们的批评，便再也无法全身而退。他会像受到抨击的逃兵一样臭名远扬，最终被世界上一群最无情、最野心勃勃的人踩在脚下。有野心的人总是喜欢毁灭别人："为了以防万一而必须毁掉他，至少剩下的就没那么难办了；每个人都必须被看作对手，因为他有可能成为对手。"

　　我对农民的品行不抱多大的信心。他们告诉我，农民不会把皇帝花园里的花朵藏起来；我没有争辩。我知道，恐惧会制造奇迹，但我还知道，要是有一天因为对他们在宫邸的表现太过感动，对暂时高贵起来的农奴的高尚情操太过信任，他们有一小会儿没有看着上面说到的农奴手上的动作，这种模范臣民，这些农民廷臣，对其傲慢的对手是不会手下留情的。

　　昨天，在彼得霍夫宫的君民联欢舞会上，撒丁岛大使的表不知不觉地让人给顺走了，尽管表上有起保护作用的链子。还有几个人在拥挤中丢了手帕等物品。我自己丢了钱袋，里面有一点金币，为此，我安慰自己的方式就是嘲笑这帮人的主人吹嘘他们的品行。那些主人十分清楚自己好话的真正含义，而我并不遗憾我也清楚。因为注意到他们的小花招，我寻找容易被这么幼稚的谎言所欺骗的人，于是，我就和瓦西里一起大喊："谁在这儿骗人？世人都心知肚明。"

俄国人的鬼话和伪装是徒劳的；所有诚实的观察家在他们身上看到的，仅仅是十八世纪的普鲁士人和十九世纪的法国人按照现代战略学的规则塑造的东罗马帝国的希腊人。

俄国的专制君主受到民众的爱戴，在我看来，就和法国以自由的名义宣扬绝对民主的人的诚实性一样可疑，都是可恶的诡辩。用宣扬自由的方式来毁灭自由是暗杀，因为社会是靠真理生活的；让暴政带有家长制的色彩也是暗杀。

我在政治上有个坚定不移的原则，那就是人们可以而且应当在不被欺骗的情况下被统治。如果说在私人生活中，说谎有损人格，那在公共生活中，说谎无异于犯罪。所有说谎的政府都是比卖国贼还要危险的阴谋家，而依照它的法律，卖国贼是要判死刑的；虽说有这样的例子，即有些伟大的人被诡辩家的时代毁掉了——在那个时代，真理被抛弃，天赋也不得其所——而且奇怪得很，主人在奴隶面前反倒低声下气，因为骗人的要低于被骗的。这不但适用于宗教，也适用于政治和文学。

我认为基督徒的诚实可以给政治带来帮助，这个想法对于干实事的人来说，不像它看上去那么异想天开，因为俄国皇帝也有这样的想法，而他看问题无疑是又实际又清楚的。我看如今没有哪个在位的君主像这位君主一样，如此讨厌说谎并且很少弄虚作假。

他让自己成了欧洲维护君主权力的斗士，而且众所周知，他大胆而公开地坚持这一立场。他没有像某个政府那样，在不同的地方根据不同的、纯粹商业的局部利益，去宣扬不同的政体。相反，他在所有地方都无差别地支持合乎他的体系的原则。是不是因为这样，英国才是自由、立宪和博爱的呢？

皇帝每天从头到尾只读一份法国报纸《辩论报》。他根本不看其他报纸，除非是推荐给他的一些有趣的文章。

为了维持社会秩序而维护权力，这在法国是最优秀和最杰出的人的目标，也一直是《辩论报》的目标。要想实现这一目标，需要拥有智力上的优势，这就是为什么在我们自己的国家，以及在欧洲其他地方，人们会那么关注这份报纸。

法国正在承受时代的通病所带来的痛苦，而且它承受的痛苦比其他任何国家都多。这个通病就是对权威的憎恨。

因此，纠正这种状况的办法是，巩固权威的地位。彼得堡的皇帝和巴黎的《辩论报》的态度就是如此。

但是，由于只是在目标上一致，他们与其说是统一的，不如说是对立的。对于手段的选择，常常会引起那些聚集在同一旗帜下的人们的不和。他们相遇时是盟友，分手时是敌人。

对于俄国皇帝来说，世袭权利的合法性是实现其目标唯一的手段，《辩论报》则稍稍改变了"合法性"这个老词通常的含义，以存在另一种更为确定的，也就是基于真正的国家利益的选举的合法性为由，以拯救社会的名义，唱起了对台戏。

这两种合法性，一种像命运一样是盲目的，另一种像激情一样是摇摆不定的。它们之间的竞争引发了更猛烈的怒火，因为两种体系的拥护者都缺少决定性的理由，而且使用的是相同的措辞，却得出相反的结论。

在这之前就可以看出，我喜欢跑题。这种类型的不合常规，会像其他各种类似自由的东西一样把我带走。我只能通过找借口来纠正自己的错误，而且每次的说辞都不一样，因为之后麻烦总是超过了乐趣。

到目前为止，彼得霍夫所在的位置是我在俄国见过的最美的地方。一道不高的山脊可以俯瞰园林尽头的大海，那里距离宫邸约三分之一里格。宫邸建在这座几乎是垂直的山丘边缘。一段又一段壮观的阶梯已经建好。你可以拾级而下，进入花园。花园里可以看到大片美丽的小树林、喷泉以及按照凡尔赛宫的式样建造的小瀑布。几个地势较高的地方还竖起了瞭望塔，从那里可以看到芬兰海岸、俄国海军的军火库、喀琅施塔得岛，以及往右大约九里格处的圣彼得堡。这座从远处看起来白得耀眼的城市，它带有尖顶的宫邸、带有灰泥立柱的神庙，以及类似于伊斯兰教宣礼塔的密密麻麻的尖塔，在薄暮时分看上去就像一片冷杉林，大火映红了它们银色的树冠。

在英格利亚的风景中，植被的种类很少。花园的风景完全是人造的，乡间的风景则是一些长着暗绿色叶子的桦树丛，还有一些林荫道，同样也栽了桦树，作为布满沼泽的草地与田野之间的分界线。田野里没有种植小麦，因为，在将近北纬 60 度的地方能种什么呢？

当想到人们为了作为一个集体生存下来，为了建造城市，以及为了满足王公贵族的虚荣而不得不保持城市的华丽，而在这里所克服的种种困难时，我不由得每看到一颗生菜或一朵玫瑰，都想要大喊"奇迹！"如果说彼得堡是裹着灰泥的拉普兰，那彼得霍夫就是阿尔米达在玻璃温室里的宫邸。当我想到，再往北去一点，一年就分成各三个月的一个白天，一个黑夜，以及两段昏暗期，我简直难以相信真的存在那么多昂贵、精致和美妙的东西。

人们可以坐车在彼得霍夫的皇家花园走上一里格，也不会两次走在同一条林荫道下。那么，请想象一下，这样一个花园若是全点着了，会是什么样子。在这个冰冷、阴郁的国度，灯会就是十足的大火；可以说，那样的夜晚是对白天的补偿。树木隐没在繁星般的灯饰下。每条小路都有数不清的彩灯。这是亚洲，不是真实的现代的亚洲，而是《一千零一夜》中神奇的巴格达，或者塞米勒米斯[1]的更加神奇的巴比伦。

据说在皇后生日那天，有六千辆马车，三万个步行的人，以及无数的船只要从彼得堡来到彼得霍夫，并在彼得霍夫周围宿营。

只是在这一天，我在俄国才看到真正的人群。在一个完全军事化的国家中，市民的露营是很难见到的。这不是说庆典的时候没有军队，因为一支近卫军部队和一支士官生队伍都驻扎在行宫周围。大批军官、士兵、商人、农奴、地主和雇主都在树林里闲逛，二十五万盏彩灯照得那里如同白昼。这个数字是别人告诉我的，我虽然不清楚它是不

---

1 古代传说中的亚述女王，以美丽、聪明、淫荡闻名，相传为巴比伦的创建者。

是正确，但我的确知道，这团大火发出的人造光在亮度上要远远超过北方的日光。在俄国，皇帝让太阳黯然失色。夏季的这一时期，夜晚重新来临并迅速变长，因此，要是没有照明，彼得霍夫花园的林荫道下几个小时前就黑了。

另外还听说，花园灯会上的灯是由一千八百人在三十五分钟之内全部点亮的。宫邸的背面——从那里可以笔直地走到海边——有一条运河，运河水面荡漾着岸边灯光的倒影，产生了一种迷人的效果，或许会被误以为是一片大火。阿里奥斯托[1]也许拥有足够的想象力，描写此次灯会的所有奇观。一组组花样繁多的彩灯布置得很有趣味，充满奇思妙想。树一样大的鲜花、太阳、花瓶、缠满葡萄叶的凉棚、方尖碑、柱子、刻有阿拉伯图案的墙壁，总之，各种各样奇异的形象和漂亮的装置，在眼前一个接一个地一闪而过。

运河尽头，在一座巨大的火金字塔上（我估计它有七十英尺高），矗立着皇后的肖像，在周围红的、蓝的和绿的彩灯之上，发出耀眼的白光。它就像只用很多钻石做成的白鹭，并且有各种颜色的宝石环绕四周。所有的东西都大得让人怀疑，眼睛看到的不是真的。为了一个一年一

1　卢多维科·阿里奥斯托（Ludovico Ariosto，1474—1533），意大利诗人。

度的节日如此煞费苦心，似乎有点不可思议。在庆典引发的小插曲中，就和在庆典本身中一样，有一些不同寻常的东西。有两三个夜晚，我提到的那群人，全都在这座村子的周围露营。许多女人就睡在她们的马车里，农妇则睡在她们的大车里。几百辆这样的车辆挤在一起，形成了一个个看上去非常有趣的营地，那些场面值得画家把它们画下来。

俄国人对于如画美有一种特殊的天赋。这些为了喜庆的日子而搭建的临时城市，比外国人在俄国建造的真正的城市更有趣，更有民族特色。由于发现了这个被压迫民族的真正的价值，我在自从生活在俄国人中间以来所接受的痛苦的印象，变得更加强烈了。想到他们如果是自由的，他们可以做什么事情，我看到他们现在的样子就更加愤怒了。大使们及其家人和随从，还有已被引见过的外邦人，膳宿的费用由皇帝负担。为此还专门留出一幢又大又漂亮的建筑，叫作英国宫。这幢建筑坐落在一处美丽的花园里，距离皇帝行宫四分之一里格，是按照英国人的趣味设计的，美丽如画，与自然融为一体。美丽的河水和不规则的地表——那种不规则在彼得堡的近郊难得一见——令它赏心悦目。今年的外国人数量比通常多很多，英国宫住不下。所以，我不是睡在那里，但每天都在那里和外交使团以及其他七八百人一起用餐，酒菜非常丰盛。这种待客的场面肯定很壮观。因为住在村里，要参加这种由一名帝国高官主持的宴会，那就得穿上制服，坐着我的马车过去。

至于晚上，宫廷剧院的总管把彼得霍夫剧院的两个演员包厢交给我自行处置，这个住宿的地方人人羡慕。（作者附释：村子里只有少数几栋房子，房间可以出租，租金每晚两百至五百卢布。）除了床，什么也不缺。幸亏我从彼得堡带了我的小铁床。对于在俄国旅行并且不希望晚上睡在坐具或地板上的欧洲人来说，它是件必需品。在这里我们要带着床，就像我们在西班牙要带着斗篷一样。因为没有麦秆——它在不种小麦的地方是个稀罕物——我的垫子里塞的是干草。

在其他无论哪个国家，那么多人聚在一起肯定会乱哄哄的。在俄国，不论做什么都很严肃，都带有仪式性。看到那么多年轻人为了自己的快乐或他人的快乐而聚在一起，既不敢大笑、唱歌、争吵和玩耍，也不敢跳舞，会让人以为他们是一群囚徒，准备前往他们的目的地。我在这里看到的一切，毫无疑问，缺少的不是排场或豪华，甚至也不是趣味和优雅。它缺少的是欢乐。欢乐不能是强迫的，相反，强迫会让欢乐逃之夭夭，就像直线和水平面会破坏风景的如画美一样。在俄国，我只看到把对称奉为圭臬的东西，只看到带着一副发号施令、颐指气使样子的东西，却看不到可以让这种秩序变得有价值的东西。这里没有人懂得和而不同。

露营的士兵要遵守的纪律比在兵营里的更严厉。在和平时期、在旷野中、在一个喜庆的日子里如此苛刻，让我想起了康斯坦丁大公的话。"我讨厌战争，"他说，"战争毁掉了士兵，弄脏了他们的制服，而且破坏了纪律。"

大公讨厌战争，他在波兰的行为证明了这一点，但他没有把他讨厌战争的理由全都说出来。

舞会和灯会那天，我们在七点钟前往皇帝的行宫。廷臣、大使、获得邀请的外国人以及自称平民的人全都进了御殿，并没有规定好的顺序。除了穿着民族服装的农民和穿着宽大长袍的市民之外，大家都在制服外面披了塔巴罗（tabarro），或者说威尼斯斗篷。那是一条严格的规定，因为这次庆典被称作假面舞会。

人群非常拥挤。我们等了很长时间，等候皇帝及其家人的到来。宫邸中的这轮太阳刚刚升起，他面前的地方就空了出来。他，后面跟着华丽的随从，畅通无阻地走过一个个大厅，进了刚才人们还以为再也插不进一个人的御殿。陛下所过之处，农民如同波浪一般朝后退去，旋即又像船只驶过的波痕一样合起来。

这位君主比所有人都要高出一头，他那高贵的神态令这片汹涌的海面不得不表示敬服。这让我想起了维吉尔诗中的海神尼普顿，并不会比他更像是一个皇帝。他与家族及宫廷中的女士连续跳了两三个小时的波洛奈兹舞。这舞以前不过是有节奏的、充满仪式感的齐步走，可现在它是真正随着音乐的舞动。

皇帝和他的随从令人诧异地绕过人群。人们虽然不清楚他要往哪个方向，但都能及时让开，因此丝毫没有妨碍君主的前进。

他同几个身着俄式长袍、留着俄式胡须的人说了话。最后，快十点的时候——此时天色已暗——我前面提到的灯会开始了。

天气原因，白天的大多数时候，我们都估计灯会不办了。大约三点，当时我们正在英国宫用餐，彼得霍夫狂风大作，树木猛烈摇晃，花园里到处是散落的树枝。我们淡定地看着这场风暴，没想到这时候和我们一同用餐的很多人的姐妹、母亲和朋友，正在波涛汹涌的海面走向死亡。许多从彼得堡驶往彼得霍夫的小船在海湾沉没，我们却在没心没肺地从好奇变得快乐。现在确认的淹死的人数是两百人，也有说法是一千五百到两千人。没有人知道真相，报纸也不会报道此事。它会让皇后难受，并让皇帝受到指责。

整个晚上，这起灾难都是保密的，直到庆典结束都没有透露一点消息。今天早上，宫廷也同往常一样，没有露出悲伤的样子。在那里，按照规矩，不允许提到萦绕在大家心头的那件事。即便在宫邸的外面，也几乎不说。在这个国家，就连他们自己也认为人命微不足道。每个人都觉得自己命悬一线。

每年类似的事故虽然不是很多，但都给彼得霍夫的庆典蒙上了阴影。要是别人都像我那样，想到为了这种盛事所付出的代价，那它就成了沉痛的追悼会，或者庄严肃穆的葬礼。但在这里，我是唯一反省的人。昨天，迷信的人看到了不止一个凶兆。连续三周一直好端端的天气，在皇后生日那天陡生变化。皇后的肖像灯就是点不亮。负责灯会中这个最重要的环节的那个人，爬上金字塔的塔顶，但他刚把灯点着，风就把它们吹灭了。他反复爬了几次，最后脚下打滑，从七十英尺的高空摔下，当场就死了。

皇后瘦得惊人，没精打采，目光黯淡，这更加显得那些预兆的不吉利。她的生活方式如同疾病，可以说是致命的。天天晚上都是庆典和舞会！在这里别无选择，要么娱乐至死，要么无聊至死。

对于皇后以及热心的廷臣来说，隆重的游行和检阅大清早就开始了。这之后依例是一些接待活动，然后皇后会休息一刻钟，再坐马车出去两小时。沐浴过后，她再次骑马出去。再回来的时候，她要接待另外一些来访的客人。这事完了之后，她要出发去视察由她或者由那些有幸得到她青睐的人负责的某些有用的社会事业机构。那以后，她要和皇帝一起去军营——附近的某个地方总是会有一座军营的。回来后他们要跳舞。她的每一天、每一年乃至她的一生，就耗在这些事情上。

那些不具备追求这种可怕的生活所必需的勇气或力量的人，是不会受宠的。

之前有一天，在说到一位非常出色但很瘦弱的女性时，皇后说"她总是生病！"说话的口气和态度让我确信，一个家庭的命运决定了。在一个缺乏善意的圈子里，身体有恙也成了一件不光彩的事情。

皇后觉得自己应该和别人一样去讨好皇帝。她一刻也不能忍受皇帝离开她。君王们真是用钢铁做成的！这个品格高尚的女人希望，而且有时也相信，她自己不会生病。但是，身体和精神完全得不到休息，缺少具有连续性的活动，缺少内容丰富的谈话，逐渐养成的需要刺激的习惯，一同诱发了一种正在消耗她元气的热病。而且这种讨厌的生活方式已经变得不但是致命的，也是不可或缺的。她现在既离不开它，也不能把它维持下去。枯萎是令人担心的，尤其是彼得堡的冬天很可怕，但不论什么都不可能让她去度过六个月远离皇帝的日子。（作者附释：第二年，埃姆斯的水疗让皇后恢复了健康。）

看到她消瘦但很有趣的身影，像幽灵一样飘过为她举办的而她有可能再也看不到的庆典现场，我的心就往下沉。或许是我已经对人类的浮华和排场感到头晕了，我转而思考起我们可能经受的苦难。唉！我们从其跌落的位置越高，跌得就越重。哪怕是在现世，大人物一天所受的打击就能抵得了穷人一辈子的匮乏之苦。

在可以拉平一切的苦难的影响下，地位的不平等消失了。时间只是错觉，强烈的情感可以将其驱散。感觉的强烈程度，不管是欢乐的还是悲伤的，是现实之为现实的尺度。

人，哪怕是地位最高的人，如果到了某个固定的日子就装作开心，他们的做法着实不太明智。定期庆祝的周年纪念日，只会让人抚今追昔，更加深切地意识到时光的流逝。对于往昔的回忆，虽然是在欢呼声中庆祝的，可总会让我们生出大堆的感慨，想象消逝的青春，想象生命的晚景。每次从一年一度的庆典回来，值得回味的欢乐总会变少，而悲伤却增加了。既然变化是那么让人伤心，让时光悄悄飞逝岂不更好？周年纪念乃是死亡的哀鸣和时光阴郁的回声。

昨天舞会结束的时候，我们吃了晚饭，然后就差不多散了，因为人们聚集的御殿热得让人受不了。我们上了某驾叫作利涅（lignes）的宫廷马车去看灯会。在灯会之外的地方，夜晚又黑又凉快。然而，布满魔法树林的无数彩灯让树阴下热得出奇，结果我们除了感到晃眼，还觉得很热。

利涅是一种双排座的马车，可以很宽裕地背靠背坐八个人。它们的造型、镀金表面以及古色古香的马饰，显得豪华而独特。

现在，带有真正皇家特色的奢侈品在欧洲不多见了。

这些马车的数量还不少。它们成了彼得霍夫庆典上令人印象深刻的展品之一。它们可以装得下除农奴和市民之外所有被邀请的人。

一位典礼官给我指定了我要乘坐的利涅，但出发时一片混乱，谁也没有按照指定的位置坐。我既找不到自己的仆人，也找不到自己的斗篷，结果只好上了最后面的一辆利涅，坐在一位俄国女士旁边。她不是来参加舞会的，而是领着她的几个女儿从彼得堡过来看灯。这些女士似乎认识宫廷里所有的家族。她们的谈话毫不避讳，这一点与那些和宫里有联系的人不一样。那位母亲随即开始和我交谈起来。她的举止处处显露出上层社会女性的干练和高雅。

就像我在别处发现的那样，我从她的谈话中也发现，俄国女性在正常状态下，待人温和宽容并不是她们性格中一个突出的特点。她向我一一说出我们看到的、从我们旁边经过的人的名字，因为在这支队伍中，利涅车队常常在岔路口分开，并在彼此的前面排成纵队前进。

要不是怕读者厌烦，我会搬出所有表示赞美的套话，颠来倒去地说，我从来没有见过像这座张灯结彩的花园那样奇特的东西。宫廷的马车静悄悄地穿行其间，穿行在和几分钟前宫邸大厅里的大批农民一样稠密的人群中。

我们坐着马车在充满魔幻色彩的小树林中走了大约一个小时，游览了花园一端的小湖，并称之为马利湖。凡尔赛宫以及路易十四所有不可思议的创造物，让欧洲各位君主魂牵梦萦了一百多年。正是在这座马利湖的湖边，那些彩灯在我看来最为奇异。在这片水域的尽头——我想说的是这片黄金一样的水域尽头，因为它显得那么金碧辉煌——有一座房子，那是彼得大帝住过的地方，此时也像其他建筑一样张灯结彩。水和树木极大地增加了灯光的效果。我们在人工洞穴的前面走过，透过从耀眼的洞穴入口处落下的瀑布，可以看到洞穴里面光芒四射。只有皇帝的行宫没有张灯结彩，但在花园各处无数灯光的辉映下，它的白墙非常耀眼。

毫无疑问，这趟马车上的游览是皇后庆典上最有意思的特色。但我再说一遍，魔幻般的壮观场面并不是充满快乐的。这里没有人发出笑声，没有人载歌载舞；他们全都是压低了声音说话；他们在娱乐时也很谨慎；就好像俄国的臣民一下子变得特别懂礼貌了，甚至对于让他们快乐的事情也是毕恭毕敬。总之，就像在俄国其他所有地方一样，彼得霍夫也没有自由。

　　午夜过后，我回到自己的房间，更准确地说是包厢。当时观众已经开始散去，我便在人潮从窗下涌过的时候坐下来写信，反正这样闹哄哄的也睡不着。在这个国家，只有马可以发出声音。在一群徒步的男人、女人和小孩当中，各种式样和大小的车辆滚滚向前。

　　拘束的皇家庆典过后，正常的生活又开始了。有人可能以为，他们是放出来的犯人。路上的人们不再像在花园里那样守规矩。他们朝着彼得堡的方向横冲直撞，这让人联想到有关莫斯科大撤退的描写。路上的几起事故更是容易让人产生这种错觉。

　　刚刚空下来脱掉衣服倒在床上，我就发现还要起来，去亲眼看一看检阅士官生。他们会从皇帝面前经过。

　　我很惊讶地发现，宫廷上下已经做好了准备。女人穿着晨礼服，男人穿着官服，大家都在指定的地点等候皇帝。

渴望证明自己的热情，让这群经过精心打扮的人们充满生气，全都表现得兴高采烈，就好像只有我受到昨晚的盛会和疲惫的影响。我为自己的倦怠脸红，觉得自己生来就做不好俄国的廷臣。锁链虽是金的，可在我看来是一样沉重。

我刚挤过人群，皇后就到了，接着还没站稳，皇帝便开始检阅他的稚嫩的军官了。皇后因为前一天晚上太累，留在广场中央一辆带有折叠式车篷的轻便马车里等他。我很同情她，但她在舞会上疲惫不堪的样子已经不见了。所以，我的同情完全是多余的。我非常羡慕地看到宫廷里那些年纪最大的人，他们能够轻轻松松地承担起我觉得非常沉重的负担。在这里，野心是生活的先决条件。要是没有它的人为刺激，人总是无精打采、死气沉沉。皇帝亲自喊口令，指挥学员的动作。几个动作下来，学员做得很好，陛下显得很满意。他拉着一位最年轻的士官生的手，让他出列，来到皇后跟前，然后把那孩子举到和自己的头顶一样高，也就是说，高过其他所有人的头顶，并当众亲吻了他。皇帝今天在公众面前的脾气怎么这么好？这一点，他们不能也不会告诉我。

我问了周围的人，得到君主如此恩宠的那位模范士官生的幸福的父亲是谁，结果没人能够满足我的好奇心。在俄国，一切都变得很神秘。在这场充满柔情的检阅之后，皇帝和皇后返回了彼得霍夫宫，并在那里的御殿接待了所有希望献殷勤的人。之后，大约十一点的时候，他们出现在宫邸的阳台上。阳台前面，切尔卡西亚[1]近卫军的士兵骑着阿拉伯骏马，进行着某些有趣的操练。这支衣着华丽的部队为宫廷增添了尚武、奢华的色彩。这样的宫廷，在很长时间内仍将是亚洲的而不是欧洲的，虽然它付出了努力，而且也自以为是欧洲的。快到中午的时候，因为好奇心已经耗尽，而且又没有那种宫廷野心——它在这里创造了如此多奇迹——的强大刺激来支撑自己的体力，我便回去休息了，直到刚才我才起来，详细记述了这件事。

今天我打算继续留在这里，让人群先走；另外，我留在彼得霍夫也是因为盼望我很看重的一件令人高兴的事情。

明天如果有时间，我会讲讲我的阴谋得逞的情况。

---

1 切尔卡西亚人（Circassians）是高加索人的一支。

第十六封信

彼得堡，7 月 27 日

彼得霍夫别墅·意外·皇后·她的衣着、风度和交谈·大公·一个让人为难的问题·别墅内部·大公当起了导游·社交中的腼腆·大公和年轻的女士·皇帝的房间·奥拉宁鲍姆城堡·彼得三世要塞·对谋杀他的过程的描述·叶卡捷琳娜女皇的夏宫·克拉斯纳克塞洛军营

我之前曾恳求某某夫人帮忙，准许我进入皇帝和皇后的英国别墅。那是他们在漂亮的彼得霍夫花园里按照英国非常流行的新哥特式风格建造的一处小小的住宅。"如果两位陛下在这里，"某某夫人答复说，"要进别墅非常困难，如果不在，那就非常容易。不过呢，我会试试。"

于是，我就延长了在彼得霍夫停留的时间，等候某某夫人的回信，有点着急，但不抱多大希望。昨天清早，我收到她的便条，上面是这么说的："十点四十五的时候来见我。我非常荣幸地得到特别许可，可以在皇帝和皇后散步时带您到别墅看看。时间是十一点整。您知道

他们很守时。"

我如约而至。某某夫人住在花园一角一座非常漂亮的公馆里。她到处都跟着皇后，但只要有可能，她就单独住一栋房子，哪怕是与皇后的住处离得很近。十点半，我和她会合。十点四十五，我们上了一辆套了四匹马的马车，快速地穿过公园，将近十一点的时候到了别墅门口。

它就像我说的，确实是一座英式住宅，鲜花环绕，树木成荫，是按照在伦敦附近——大概是特威肯汉姆——泰晤士河边可以看到的几处最漂亮的地方的风格建造的。我们穿过抬高了几个台阶的一个很小的门厅，刚刚停下来想细细地看一看房间——房间的陈设相对于这栋建筑的总体特征来说，让我觉得有点过于讲究——这时，一名贴身男仆进来，低声对某某夫人耳语了几句。某某夫人好像有点意外。

"怎么回事？"男仆走后，我问道。

"皇后回来了！"

"多不公平！"我惊叫道，"我什么都还没来得及看呢。"

"也许吧；从这个露台下到花园，在外面门口等我。"

我刚到那里两分钟，就看到皇后快步从房子的台阶下来向我走来。她一个人。她那高挑的身材显得特别优美；

她步履轻盈而高贵；她那种手和臂的动作，那种姿势，那种转头的方式，真叫人难忘。她一袭白衣，戴了顶折叠式的兜帽，面色沉静，眼神温柔而忧郁。面纱优雅地甩向后面，遮住了她的面庞。透明的围巾披在肩上，成就了这身最漂亮的晨礼服。我从未见她如此动人。在这幅美丽的画面前，舞会上的凶兆消失了：皇后似乎苏醒了；我看着她，感觉在经过一夜的烦乱不安之后，安全感随着黎明的到来恢复了。我想，陛下一定比我强健，所以才撑过了前天的庆典、昨天的检阅和晚会，结果今天显得这么神采飞扬。

"我把散步的时间减少了些，"她说，"因为我知道您在这儿。"

"啊，夫人，真没想到我能得到如此厚爱！"

"之前我没把我的安排告诉某某夫人，她不停地怪我这样过来会让您受惊；她说我会打扰您的参观。您是想发现我们所有的秘密吧？"

"是的，夫人；人只有通过了解那些非常清楚如何在华丽与典雅之间做出选择的人的想法，才会有所收获。"

"彼得霍夫的住处我受不了。为了让我的眼睛歇会儿，不再到处都看到闪闪的金光，我向皇帝要了一栋别墅。我从来没有像在这所房子里那样高兴，但现在，我的一个女儿出嫁了，我的儿子们也在别处求学，它对我们来说就显得太大了。"

我微笑着，没有回答，因为我已经被迷住了。在我看来，这个女人和刚办过豪华庆典的她判若两人，她和我的感受完全一样。我想，她和我一样，觉得这种铺张的场面令人厌倦、空洞、华而不实，而她现在觉得，自己应该得到更好的东西。我比较了别墅的鲜花与宫邸的枝形吊灯，清晨的太阳与庆典晚上的彩灯，充满乐趣的静居与宫邸喧闹的人群，大自然的节日与宫廷的节日，女人与皇后。对抛头露面所带来的满足感避之唯恐不及，让自己周围的事物充满私人生活的魅力，皇后在这些方面所表现出的高雅的趣味和见识，让我内心充满喜悦。这是新的仙境，由之产生的错觉比华丽和权力的魔法更有力地攫住了我的想象。

"我不想对某某夫人解释，"皇后继续说道，"您可以在别墅到处看看，我的儿子会领着您。另外，我要去看一下我的花，然后在允许您离开之前我会再找您。"

这位女士就是这样接待我的。不仅是在很少有人知道她的欧洲，而且是在他们经常看到她的俄国，人们都说她傲慢自大。

这时，世袭大公来见他的母亲。陪同他的是某某夫人以及她的大女儿，一个大约十四岁的年轻人，玫瑰一样鲜艳，漂亮得如同她们是在布歇¹时代的法国。这位年轻的女士是那位画家最赏心悦目的肖像画的活生生的模特。

我以为皇后会准许我离开，但她开始在房子前面来来回回地走着。陛下知道我对某某夫人——她是一位波兰女士——全家都很关心。陛下还知道，某某夫人的一个兄弟前几年一直住在巴黎。她把话题转到那个年轻人的生活方式上，显然很关心地问了我好长时间他的观点、见解以及总的品质。这让我可以本着对于朋友的忠诚，详细地介绍他的情况。她听得非常认真。在我停下来的时候，大公转向他的母亲，接着同样的话题说道："我在埃姆斯遇到过他，而且非常喜欢他。"

"可是，这么优秀的人，他们却禁止他来这里，因为他在波兰革命之后就隐居在德国。"某某夫人哭着说。她是动了姐弟之情，便利用了从幼年起就生活在宫廷的习惯因而没有从她身上夺走的言论自由。"那他做了什么？"皇后对我说——那种口吻学不来，因为它夹杂了焦急和关切。要回答这么直截了当的问题，让我感到有点作难。因为它牵涉到那个敏感的政治话题，触碰这个话题，有可能把一切都搞砸了。

---

1 弗朗索瓦·布歇（Francois Boucher，1703—1770），法国画家。

大公帮了我的忙。他那种亲切友好的样子我要是忘记那就太不知好歹了。毫无疑问，他知道这个问题说来话长，所以我不敢回答，而且他还想到，要是回避就会暴露出我的为难，并拖累我想要辩护的事业。"我的母亲，"他用轻快的口吻说，"谁会问一个十五岁的孩子在政治上做了什么呢？"

这个回答充满见地和善意，给我解了围，但也结束了谈话。如果我可以不揣冒昧，解释皇后为什么会沉默，我会说她的想法是这样的："现在，在俄国，会如何对待一个得到赦免的波兰人？他会永远成为老俄国人嫉恨的对象，他只会激起他的新主人的不信任。他会在为了测试他的忠诚而不得不经受的考验中失去健康和生命。如果他们最终得出结论，认为他可以信任，那他们只会鄙视他。再说，我能为这个年轻人做什么？我的影响力这么小！"

我觉得说皇后就是这样想的并不算多么自欺，我自己差不多也是这么想的。我们心照不宣地一致认为，两害相权取其轻，对于一个同时失去了同胞和战友的绅士来说，最轻的那个选择就是远离故土，而所有情形中最糟糕的，就是像陌生人一样生活在自己的祖国。

在皇后的示意下，大公、某某夫人和她女儿，还有我，又进了别墅。我原本希望在这栋房子里可以看到很多艺术品，而不是豪华的家具。一楼就跟所有富有而雅致的英国住宅的一楼一样，但是没有一幅高水准的绘画，没有一片大理石或无釉赤陶，可以宣告这个地方的主人爱好艺术。可以证明爱好艺术和在艺术方面判断力的，不是多多少少能够娴熟地画上几笔的技艺，而是对于杰作的热爱。我总是很遗憾地看到，在那些可以很容易地满足它的人身上，缺少这种激情。

也许有人会说，宝贵的雕像和绘画不适合放在别墅。但这座房子是它主人选择的，而且是它主人特别喜欢的常来的地方。当人们按照其喜好为自己建造住所的时候，如果他们非常热爱艺术，那种热爱就会显露出来，哪怕是有点不协调、不和谐也没有关系。再说，在皇家别墅，有一点点不合常规也是可以的。透过这栋别墅装饰品的分布及其室内的总体安排，很容易看出，它以前突出的主要是家庭的温馨和习惯，而这些和欣赏天才作品中的美相比，甚至更有价值。在这个优雅安静的地方，只有一件事情的确让我不喜欢，那就是在家具和布置方面过于英国化。

因为不想让我们的向导讨厌，我们在一楼看得很匆忙。有如此尊贵的导游在场，让我有点儿不知所措。我知道君主们最不喜欢我们腼腆的样子，除非那是为了讨好他们而故意装的。他们喜欢放松，但如果我们自己不放松，就无法让他们放松。和一个严肃的大公在一起，我可以指望通过交谈来拯救自己，但是，和一个快乐的、充满朝气的大公在一起，我就没有办法了。

一段很窄却铺了英国地毯的楼梯把我们引到二楼。我们在那里看到玛丽女大公小时候住过的房间。房间是空的。奥莉加女大公 [1] 的房间或许也住不了多长时间。皇后说别墅现在显得越来越大可能是实话。这两个非常相似的房间布置得都很简朴可爱。

大公在楼梯顶上停了下来，用那种他虽年纪轻轻但已深谙其道的彬彬有礼的口吻说道："我想，您在参观时没有我在场恐怕更好。这里的东西我都看过很多遍了，说实话，我同样很乐意把您留下，和某某夫人一起细细浏览。所以，我会到我母亲那里，和她一起等候你们。"

随即他就优雅地给我们行了礼，离开了，这让我对他的谦恭随和满心欢喜。这种谦恭随和对于一个真正有教养的大公来说，是很大的优势。因此，这次我没有造成预料中的影响，我感到的拘束没有流露出来。要是他对我的不安感到同情，他就会留下，因为腼腆除了任其折磨之外，什么也做不了。它不知道如何使自己得到解脱。不论什么

1　奥莉加女大公（1822—1892）是沙皇尼古拉一世与亚历山德拉·费奥多萝芙娜皇后的次女。

高度都免不了受它困扰。被它弄得不知所措的受害者，不管处于什么样的社会地位，都无力面对也无力逃脱给他制造不适的东西。

这种痛苦有时是因为得不到满足的或过分的自恋。一个人如果担心他对于自己的看法过于独特，就会由于虚荣而变得腼腆。但腼腆大多数时候纯粹是身体上的，它是一种疾病。

有些人没有那种莫名其妙的不安感，他们不会意识到人们落在他们身上的眼神。那种眼神会让他们不知所措，妨碍他们的思想、言语，尤其是他们的动作。这一点千真万确，我在一些村子里就时常受到身体上的腼腆的困扰。作为陌生人，我在那里吸引了所有的目光，比在最富丽堂皇的沙龙里多得多；因为在沙龙里根本没人会注意我。关于不同类型的腼腆，我可以写一本专著，因为它们全都集中体现在我的身上。在这种无法治愈的、年轻一代还不太了解的疾病的困扰下，从我幼年起，没有人比我受的折磨还多。这证明除了体质之外，腼腆更多是教育的结果。了解世界能使我们掩饰这种虚弱，但也仅此而已。最腼腆的人在出身、自尊甚至品质方面常常是最突出的。我一直认为，腼腆是和过于尊重社会差别或心智天赋结合在一起的谦逊。但是，那样一来，大作家或君主们的腼腆又作何解释？幸运的是，俄国的君主们一点也不腼腆，他们适合他们的时代；不论是从他们的举止还是言语，一点也看不出长期折磨着凡尔赛的统治者及其廷臣的那种苦恼，因为，有什么会比一个腼腆的君主更让人苦恼呢？

看到大公离开，不知为什么，我感到如释重负。我打心底里感谢他猜到了我的愿望，并用很有礼貌的方式满足了它。一个人如果教养不够，不太会想到让人单独待着，因为他想让自己讨人喜欢。但是，让人单独待着，有时反倒最好。知道如何让客人单独待着而不伤害他的感情，是礼貌的最高表现，是最好的待客之道。这种巧妙的做法在上流社会就和自由而不失秩序在政治领域一样，都属于不断地提出来，但从来没有解决的难题。

当大公离开我们的时候，某某小姐正站在她母亲身后。大公在从她身边走过时停下脚步，一言不发，用一种非常优雅但相当幽默的方式，给她行了个大礼。年轻的女士意识到这个大礼是捉弄人的，所以依然是一副恭恭敬敬的样子，只不过没有回礼。我欣赏这种可爱的表达情感的方式，它在我看来就像是展示一种微妙的体贴。我怀疑在俄国宫廷是否有哪个二十五岁的女人会做出如此大胆的举动。它仅仅是出于知道如何把正当的自尊和对于社会特权的尊重结合起来的单纯。她的机敏的表现还是被发觉了。

"总是这样！"大公一边说，一边转身走了。

他们童年时在一起，年龄上相差五岁并没有妨碍他们经常玩同样的游戏。如此亲密的关系哪怕在宫廷也忘不了。他们现在一起出演的这无声的一幕，让我觉得很有趣。

得以瞥见皇帝家庭的内部情况，让我觉得非常有意思。要理解这些君主，就必须接近他们。他们生来就该成为他们国家的首脑，因为他们在各方面都优于他们的臣民。皇帝的家庭是我在俄国见过的最值得外国人赞美和羡慕的。

在房子的顶层，我看到了皇帝的房间。这是一间相当大但装饰非常简朴的图书室，开在俯瞰大海的阳台上。皇帝用不着离开这座瞭望塔，就可以向他的舰队发号施令。为此，他装备了一架望远镜、一只喇叭以及一台他可以自己操作的小电报机。

我本想仔细地看一看这个房间以及它里面的一切，而且还有很多问题要问，但是担心我的好奇会被人看作是鲁莽，所以我宁可看得粗略些，也不想显得我好像是来盘点的。

再者，相比于事物的细节，我更好奇它们的概观。我旅行是为了观察，为了形成对事物的看法，而不是为了对它们进行测量、编目或简述。像这样在主人在场的情况下被允许进入这栋别墅，可以说是一种恩惠，而这种恩惠是很少给人的，因为那栋房子实际上除了让人对他们的习惯和他们的私生活感到好奇之外，没有任何别的吸引力。所以我觉得，我似乎应该表现得配得上这种特权，不去作太详细的调查。

在对某某夫人说了这一想法之后——她非常理解我的细心——我赶紧去向皇后和大公告辞。我们在花园找到了他们。在那里又说了一番客套话之后，他们离开了我。我对自己看到的一切都很满意，尤其感激他们的好意，他们平易近人的独特而优雅的风度让人十分愉快。

离开别墅之后，我又匆匆参观了奥拉宁鲍姆，那是叶卡捷琳娜二世著名的行宫，由缅希科夫修建。这个可怜的人在完成了这座被认为对于一名大臣来说过于气派的奇迹般的宫邸之后，被送去了西伯利亚。

它目前属于现任皇帝的弟媳叶莲娜大公夫人。奥拉宁鲍姆距离彼得霍夫两三里格，可以看得见大海，坐落在建有皇帝行宫的同一座山脊的余脉上。它是用木头造的，但很气派。虽然建造者奢侈得出格，虽然继他之后住在里面的人物地位都很高，可它的面积并不大。阶地、阶梯以及长满了橘子树和显花植物的阳台，把宅邸和花园连在一起，互相映衬，相得益彰，但这栋建筑本身一点也不华丽。叶莲娜大公夫人在这里表现出了那种体现在她所有的布局中的趣味，把奥拉宁鲍姆变成了一处迷人的居所，尽管那里的景色单调，而且以前发生过的事情还困扰着人们的记忆。

在离开宫邸时，我请求准许看一下那座小而坚固的要塞遗址。他们正是从那里逼迫彼得三世出来，并把他押到他遭到暗杀的罗普沙宫。我被领到一个僻静的小村子，看到干涸的沟渠、高高低低的土丘和成堆的石头，总之是一座现代的废墟。制造这废墟的，更多是政治而非时间。但是，在这座被诅咒的废墟周围，强迫的沉默，故意造成的荒凉，让人想起的恰恰是试图隐瞒的东西。历史事实揭穿了官方的谎言。历史如同魔镜，人们可以从中看到对于公共事务有影响的人物死后露出的真容。那些面孔已经逝去，但其形象依然镌刻在这颗无情的水晶球上。真相不会与死者一同被埋葬。它战胜君王的恐惧和臣民的谄媚——当他们试图扼杀鲜血的呼号时总显得无能为力——站了起来，钻出监狱，甚至钻出坟墓，尤其是大人物的坟墓，因为无名之辈比君王更容易隐瞒玷污他们记忆的罪行。即便我不知道彼得三世的要塞已被拆毁，我也能猜到。但看到这里露出的要忘掉过去的愿望时，令我惊讶的是，和过去有关的一切竟然都保存了下来。不但是墙应该拆掉，姓名也应该抹掉。拆掉要塞是不够的，他们还应该把只隔了四分之一里格的宫邸夷为平地。不管是谁参观奥拉宁鲍姆，都会急切地打听彼得三世被迫签署自愿退位诏书的监狱遗址。退位诏书也成了彼得三世的死刑执行令，因为一旦得到放弃皇位的承诺，就必须防止他撤销它。

下面记述的是在罗普沙谋杀这位君主的过程，摘自吕利埃先生的《波兰史》。

士兵们对自己的行为非常吃惊。他们想不通自己中了什么邪，竟然把彼得大帝的外孙赶下台，为的是把皇冠戴到一个德国人头上。大多数人并没有自己的目标或想法，他们是受了别人的怂恿。在处置皇位的快感消失之后，所有人感到的只有懊悔。没有参与叛乱的水兵在酒馆公开指责近卫军为了啤酒出卖了皇帝。所有人心里都开始恳求怜悯，它会宽恕哪怕是十恶不赦的罪犯。一天晚上，一队依附于皇后的士兵因为模模糊糊地担心他们的"母亲"遇到危险而制造了很大的骚乱。为了让他们看到她，人们不得不把她叫醒。第二天夜里，又发生了一次更加危险的骚乱。只要皇帝的性命还给不安留下借口，据说就决不会太平。

奥尔洛夫伯爵兄弟（因为在发生骚乱的头一天，已经授予他们这个头衔）中一个绰号叫"疤脸"的，也是军人，他得到了达什科娃公爵夫人[1]的便条；还有一个人叫捷普洛夫，他靠诡计干掉竞争对手，从最底层爬了上来。他们一起去见那个倒霉的君主，并且一进去就向他宣布，他们来是和他共进晚餐的。餐前，按照俄国的风俗，他们让人拿来几杯白兰地。皇帝的那杯里面是毒药。但是，不知道是由于急于报告成功的消息还是对自己的行动感到害怕，他们显得莽撞了点，随后又想让皇帝再喝一杯。然而，已经变得火烧火燎

1　达什科娃公爵夫人（Princess dashkova, 1743—1810），俄国著名的知识女性，在推翻彼得三世的政变中发挥了重要作用。

的肚子和他们脸上凶恶的表情，让皇帝起了疑心，不肯再喝。为了让他就范，他们开始动武，而皇帝则进行抵抗。在这场激烈的冲突中，为了不让皇帝喊叫——那叫声从远处就可以听到——他们扑在他身上。因为他拼命反抗，同时又不能让他的身上出现伤痕，最终，出于对自身的担心，他们把当时正在监狱外面等候的、原本负责保护皇帝人身安全的两名军官叫去帮忙。这两人一个是那位最年轻的巴里亚京斯基公爵，还有一个叫波将金的十七岁青年。他们对这起阴谋表现得十分积极，所以，虽然他们还非常年轻，守卫的任务当初还是交给了他们。他们赶紧过来，于是，三个谋杀者用餐巾紧紧勒住那个倒霉的皇帝的脖子，奥尔洛夫则用膝盖顶着他的胸口，直到他断气，躺在他们手里。

女皇在这件事上扮演了什么角色，现在还不能肯定，但现在清楚的是，出事那天，这位女皇正在兴致勃勃地用餐，上面提到的那个奥尔洛夫一身汗水和灰尘，头发蓬乱，衣服也撕破了，表情激动，充满恐惧，出现在她的面前。进去时，他焦虑不安地盯着皇后的眼睛。她站起身，一言不发，进了一个小房间。他跟在她的后面也进去了，几分钟后，她叫来已被任命为她的大臣的帕宁伯爵，告诉他皇帝死了。帕宁建议她当晚不要声张，装作消息是在夜里收到的，明天早上再公布。这个建议被采纳了，女皇回到桌前，脸上同样镇定自若，继续和晚餐开始时一样兴致勃勃地用餐。第二天，当彼得死于痔疮绞痛的消息传到外面的时候，她哭得跟泪人似的，并用告示把她的悲痛公之于众。

在参观又大又漂亮的奥拉宁鲍姆花园时，我看了几栋夏季住宅，它们是女皇幽会的地方。其中有一些是豪华的凉亭，其他的都比较俗气。总的来说，这些建筑缺少纯粹的风格，虽然对于宫邸的女神准备把它们派上的用场来说，肯定是足够纯粹的。

我回到彼得霍夫，在剧院里睡了第三个晚上。今天早上，在返回彼得堡时，我取道克拉斯纳克塞洛，那儿有个庞大的兵营。据说帝国近卫军的四万名士兵就住在那儿的帐篷里，或者分散住在邻近的村子里。还有人说这个数字是七万。在俄国，所有人都只是告诉我他的估计，而我基本不予理睬，因为没有什么比这些说法更靠不住了。不过，它们倒是有助于表明把民众引入歧途的重要性。在各民族从幼年过渡到成年的时候，它们不会去玩这种幼稚的把戏。

看着那些五花八门的制服，那些来自帝国各地的士兵的一张张表情丰富的野蛮人面孔，真让人忍俊不禁。一溜一溜的白色帐篷在阳光下熠熠生辉，地表呈现出一个个小小的起伏，制造出一种美如画的效果。

我始终感到遗憾的是，言语不足以表现北方的某些景色，尤其是光线的某些效果。要是用铅笔画上几笔，会比连篇累牍的描述更能让人领略到这个忧郁而独特的国度的新奇之处。

第十七封信

彼得堡，7 月 20 日

皇帝的责任·彼得霍夫风暴的影响·两个英国人的死亡·所有事情
都笼罩着神秘的色彩·被一个英国人拯救的汽船·俄国警察·贴身
女仆的失踪·礼貌和野蛮兼而有之·宪兵的暴行·劳动者之间的争
吵以及警察可恶的暴行·皇帝是改革家·亚历山大纪念柱·宫廷语
言的改革·圣以撒大教堂·它的庞大·希腊宗教的精神·它的堕落·与
一个法国人的交谈·囚车·皇帝讲话引发的叛乱·伏尔加河畔的血
腥场面·诗人普希金的历史·他的决斗和死亡·他的有抱负的继承
人的命运·普希金的诗·俄国采用外国语言的影响·法国时兴英国
保姆和女家庭教师的后果·中国人的优势·几种语言混杂在一起·卢
梭·法国文学的衰落

根据早上得到的消息，彼得霍夫庆典时发生的灾难，
比我想的还要严重。但我们永远也不会搞清楚事件确切的
情况。这里的任何事故都被当作国家大事，以为那是天主
没有尽到对皇帝的责任。

政治迷信作为莫斯科大公国社会的灵魂，使其首领
要承受所有的不满，以至于无能会引发反叛，地会极力
要求反抗天。如果我的狗受了伤害，它会到我这里来疗

伤；如果天主让俄国人受苦，他们马上会呼唤他们的沙皇。这位君主不为政治方面的任何事情负责，却必须为天主方面的所有事情负责。这是人篡夺神的权利自然会带来的后果。一个允许别人把自己看作不仅仅是凡人的人，要把在他统治期间上天降到人间的所有灾祸担在自己身上。由这种政治狂热产生了在别的国度闻所未闻的脆弱和敏感的心理。不过，在极少取决于人类意志的灾难问题上，政府认为有必要维持的保密，结果却事与愿违，因为它给想象力留下了随意驰骋的空间。同一件事情，由于人们的兴趣、担忧、抱负或者心情的不同，由于各色人在宫廷中的处境或者在世上的地位不同，每个人讲得都不一样。正因为如此，在彼得堡，真相全凭想象。法国现在也变成了这样，尽管是出于不同的原因。随心所欲的书报检查和不受限制的自由，可能导致同样的结果，连要弄清楚最简单的事实都不可能。

因此，有些人说前天只死了三十人，有些人说是一千两百人，有人说是两千人，还有人说是一百五十人。我们连可以说就发生在我们眼皮底下的事情也搞不清楚，可以想象，所有事情想必都是不确定的。看到一个如此浑浑噩噩的民族，心满意足地、平静地生活在主人的政策给予它的朦胧的光亮中，我始终感到很惊奇。到现在为止，我一直习惯于认为，就像人的身体离不开太阳和空气一样，人的心灵也离不开真理；但我的俄国之旅让我如梦方醒。真理只有对于高尚的心灵或者先进的民族才是必需的；适合粗俗的民族的是谎言，那对它们的感情和习惯有利；在这里，撒谎是为了保护社会，说真话是要推翻政府。政治领域朦胧的光亮还不如极地的天空透明。

我可以保证与彼得霍夫大灾难有关的一起事故的真实性。

三个年轻的英国人——他们中年龄最大的那个我认识——在彼得堡待了有些日子了。他们的父亲在英国，母亲在卡尔斯巴德等着他们。庆典那天，两个年龄小的乘船前往彼得霍夫，他们的哥哥不在船上，因为他一直不肯答应他们提出的要他同去的要求，理由是他丝毫不感兴趣。他把他们送上小船，跟他们说明天再见。三个小时后，两人都死了！和他们一起遇难的还有同船的几个妇女和小孩，以及两三个男人；获救的只有一个善于游泳的水手。幸存下来的那个倒霉的哥哥陷入了难以言状的绝望。他现在正准备出发，到他母亲那里，告诉她这个伤心的消息。她曾经写信给她的几个儿子，要他们记得去看一看彼得霍夫庆典，而如果他们的好奇心让他们想要多待些日子，那就不用着急离开——意思是她会在卡尔斯巴德耐心地等待。她如果表现得稍微着急一点，说不定会救了他们。

在其他任何一个国家，尤其是在我们自己的国家，这样的大灾难会引起多少报道、议论和建议啊！有多少报纸会说，又有多少声音会附和说，警方根本没有尽到他们的责任，那些船只根本不适合在海上航行，船夫只想着赚钱，而当局非但没有干预，反而因为自身的麻木或腐败加剧了危险！还会说，像其他许多皇家婚礼一样，在庆祝女大公婚礼的时候，就出现了非常不好的兆头；接着就会是日期、暗示和例证。在这里，根本就没有这种事情！到处都在沉默，这种沉默比灾难本身更可怕。报纸上的两行字，没有细节，就是公开给出的全部消息，而在宫廷、城市和上流社会的沙龙里，则只字不提。彼得堡没有可以让人在那里评论报纸的咖啡屋，实际上也没有可评论的报纸。小雇员比达官贵人还胆小；上级之间不敢提到的事情，下属更是小心翼翼地不去触碰；至于商人和店主，那种对于所有想在这个国家生活并变得发达的人来说必不可少的城府，在他们身上表现得尤为明显。如果他们说到严肃因而是危险的话题，那只有在完全私密的场合。（作者附释：这里我插入今年[1843 年]收到的一位女性友人的来信摘录；它虽然不能增加新的东西，但还是有助于说明我已经说过的内容；而且相比我自己的说法，它能让人对于心灵在俄国受到的钳制有更深的了解。"当您在彼得堡的时候，有位意大利画家也在彼得堡。他现在在巴黎。就像您之前跟我说过的那样，他也把大灾难的情况告诉了我，说是在大灾难中死掉的大约有四百人。画家把他的故事告诉我时，声音很低。'这我知道，'我对他说，'但您为什么要这么小声呢？''唉！因为皇帝禁止谈论此事。'虽然事情已经过去了，而且隔了这么远的距离，他还是这么听话，真让我惊讶。但您一向直话直说，您打算什么时候出版您的游记？"我再举一个例子，它出自1842年10月13日《辩论报》的一篇文章。"1840年10月，在圣彼得堡至克拉斯纳克塞洛的铁路线上，两辆列车迎面相撞，原因是它们的工程师因为浓雾没有看到对方开过来。所有东西都撞得粉碎。据说在破碎的车厢周围躺了有五百人，有的死了，有的缺胳膊少腿，还有的受了不同程度的重伤。这件事在彼得堡几乎没有人知道。只有在次日一大早，有几个好奇的人冒险去看了事故现场。他们发现车辆残骸已被清理，死者和伤者已被转移，而唯一能证明发生过事故的是，他们发现有几个警方的探员。那些探员问他们为什么那么早去那里，之后又责备他们太过好奇，并粗暴地命令他们全都回家。"）

俄国奉命不要去说会让皇后烦心的事情，这样，她就可以跳一辈子舞！"她会难受的，所以不要打破她的宁静。"

因此，就连孩子、朋友、亲戚这些亲爱的人死了，也没有谁敢为他们哭泣。这里的人可怜得都不敢有怨言。

俄国人全都是廷臣。在这个国家，士兵、密探、狱卒、刽子手做的事都超出了他们的本分，都在像寄生虫一样从事自己的工作。谁能告诉我，一个不是把人的尊严作为基础的社会，有什么事做不出来？

我再说一遍，要破的和要立的一样多，然后这里才会出现一个民族。

警方的这次沉默不只是因为想要讨好，也是因为害怕。奴隶害怕主人发怒，于是就想方设法让他高兴，让他处于无害状态。沙皇一旦生气，锁链、地牢、鞭子和西伯利亚都是他可以用上的惩罚手段。最好的情况下还有高加索，它对于因为时代精神而变得温和了些的专制统治来说，算是比西伯利亚要轻的惩罚。

不可否认，在这次的例子当中，灾难的头号原因是管理部门的玩忽职守。如果当局不允许彼得堡的船夫超载，或者不允许太小或太不结实、不能抵御波涛的船只冒险在海湾航行，那就不会死人；可谁知道呢？总的来说，俄国人做水手不行；他们在哪儿，哪儿就有危险。如果水手是长袍长须的亚洲人，听说船只出事就不足为奇了。

庆典那天，一艘通常往返于彼得堡和喀琅施塔得的汽船驶向彼得霍夫。它又大又结实，可还是像那些比较小的船只一样有倾覆的危险，要不是因为乘客中的一个外国人，它真的就那样了。这人（他是个英国人）看到周围有几艘船翻掉了，意识到形势很危险，而且他还注意到，他们的船只操纵和指挥得非常不当，于是他想到一个好主意，用自己的刀割断了用来固定为了乘客的舒适和方便而搭在甲板上的遮阳篷的绳子。一看到要起大风的样子，头一件该做的事情就是把这个凉棚撤掉。俄国人根本没想到这么简单的办法，要不是因为那个外国人比较镇定，船绝对翻掉了。船受损严重，无法继续航行，不过，总算是得救了，而船上的人真是太幸运了，能够返回彼得堡。要不是救了它的那个英国人是我的一个英国朋友的熟人，这件事我是不会知道的。我对其他一些消息灵通人士说起它，他们证实确有此事，但让我不要声张！

哪怕是《圣经》中的大洪水发生在俄国皇帝统治时期，要议论也不行。

在所有的才能当中，这里唯一看重的是处事要圆通。想象一下整个国家都在这种客厅美德的重轭下俯首帖耳，想象一下整个民族都像一个早晚要发大财的滑头那样世故，你就会明白在俄国交谈的实质和价值。如果说哪怕是在宫廷里，这种宫廷气氛都压迫着我们，那在它追逐我们进入非常清净的家庭圈子时，它对于生活是多么不利啊！

俄国是个哑巴国家。某个法力强大的魔法师把六千万人变成了机器人，他们要等待另一个魔法师的魔杖，才能重新享受生活。它还让我联想到森林中睡美人的宫殿，金碧辉煌，但缺少了一样东西，那就是生气，或者说自由。

皇帝想必为此非常苦恼。天生发号施令的人，不管是谁，无疑都喜欢服从，但人的服从比机器的服从更有价值。被阿谀奉承之人包围的君主，对于不希望让他知道的事情，肯定总是不知道。因此，他必定是什么话都不信，什么人都不信。这就是握有绝对权力的统治者的命运。他和蔼可亲是没有用的，他活得像人也是没有用的，环境的力量让他身不由己地变得冷酷无情。他占据了专制君主的位置，就必须顺从专制君主的命运——采取他的态度，或至少扮演他的角色。

在这里，欺瞒的罪恶蔓延的范围之广超乎想象。俄国的警察折磨起民众来反应很快，但在民众遇到不测向他们求助时，他们提供的帮助或信息总是姗姗来迟。

下面就是有关这种故意拖延的一个例子。在上次的庆典中，我认识的一位女士允许她的侍女在星期天外出。夜晚来临，这人却没有回来。第二天早上，这位女士非常担心，就派人到警察那里问问情况。（作者附释：这里我不得不隐去姓名，并改掉有可能跟个人联系起来的内容，但基本事实没有改动。）

他们回答说前一天夜里彼得堡没有发生任何事故，那个贴身女仆肯定是迷路了，她很快就会安全地、完好无损地回到主人那里。

那一天就在骗人的保证中过去了。第二天，姑娘的一个亲戚，一个对警察的门道还算熟悉的年轻男子，想了个主意，到外科医生实验大楼去看看。他的朋友为他弄到了出入证。他刚一进去，就认出了他表妹的尸体，学生们正要开始解剖。作为一个优秀的俄国人，他非常镇定，不动声色地问道："这尸体是谁的？"

"不知道呢。这是前天夜里死在某某街上的那个女孩的尸体，据说是有几个人想要强奸她，她在反抗时被掐死了。"

"那几个人是谁？"

"不知道。这件事现在只是猜的，还没有证据。"

"你们是怎么弄到尸体的？"

"警察偷偷地把它卖给了我们，所以对于这事我们是不会说的。"

最后这句是俄国人或适应能力很强的外国人经常挂在

嘴边的。我承认，上述情况不像英国的伯克案[1]那样恶心，但俄国的特别之处在于保护性的沉默，这种沉默掩盖了类似的暴行。

表妹死了。死者的女主人不敢吭声。现在，六个月过去了，可能我是她唯一对其谈到过她的贴身女仆之死的人。

由此可以看出俄国警方的下层探员是怎样履职的。这些靠不住的公务人员把被害女人的尸体卖掉，得到双倍的好处：他们弄到了一些钱，同时还隐瞒了这起谋杀案；因为事情要是闹大了，他们会受到严厉的指责。

我相信，对于这种人的谴责还有其他例证，它们能把这些话深深地刻在那些不幸的听众的记忆中。下层的俄国人经常得到夸奖，同样也经常挨打。在这个国家的民众所接受的社会教育中，举起笞杖（俄国的笞杖是一根劈开的藤条）和举起帽子作为两种手段，使用的程度差不多。杖刑在俄国只适用于某些阶级，而且只能由其他某些阶级来执行。在这里，虐待被控制得像海关的关税表一样；它让人想起了伊凡的法典。等级的尊严得到了认可，但人的尊

1　1828年，威廉·伯克和威廉·黑尔为了谋利在爱丁堡连杀害了十多人。他们将受害者的尸体卖给外科医生作医学解剖之用，为此，他们采取的杀人手法就是捂死受害者，以便在受害者的尸体上不留下暴力的痕迹。事情败露后，伯克被判有罪并于1829年1月被绞死。

严没人在乎。读者会想到我已经说过的俄国各阶层的礼貌及其真正的价值问题，现在我只说一说每天都出现在我眼前的一两个例子。

我在同一条街上看到过，两个马车夫在路过时，彼此会郑重其事地举起帽子，这是一种常见的习俗，而如果他们相识，就把手抬起来，微笑着亲吻一下，同时再使一个意味深长的眼色：原来，礼貌不过如此。

往前再过去一点，我看到有个信使、宪兵或别的某个政府人员，从车上下来，朝这些有教养的车夫当中的一个跑去，用鞭子、棍子或拳头，朝他的胸口、脸上或头上恶狠狠地打去。那个没有及时让路的可怜人，出于对制服以及施暴者地位的敬畏，一声不吭，也不还手，不过，在这样的情况下，施暴者并不一定马上就会因为一方的顺从而息怒。

我看到过有个传递急件的信使，是某个大臣的信使，或者是皇帝某个副官的贴身男仆，把一个年轻的车夫从座位上拽下来，不停地打他，直到他满脸鲜血。挨打的人成了名副其实的羔羊，忍气吞声，一点也不反抗，就跟人们屈服于狂暴的自然一样。路人对于这种暴行无动于衷。挨打的人的一个同伴正在几步开外的地方给马饮水，在怒气冲冲的宪兵的示意下，乖乖地过来在宪兵想要继续惩罚的时候牵住他的马缰绳。别的哪个国家的下层百姓会愿意帮忙，去蛮横地惩罚自己的同伴？

我讲的这一幕发生在城里最繁华的区域，而且是在最忙碌的时候。那个可怜人被放开后，擦掉脸上的血迹，重新上了自己的座位，又开始像往常一样鞠躬行礼。应该记住的是，这种可恶的事情是发生在一大群沉默的人当中。一个按照基督教的方式来统治的国家的人民，会抗议社会中取消所有个人自由的纪律。但是在这里，神父的影响力仅限于让平民和贵族画十字和行跪拜礼。

这个国家虽然崇拜圣灵，但它在人间有自己的神。像泰摩兰[1]一样，俄国的皇帝也接受臣民的偶像崇拜。俄国的法律根本就没有受洗。

我每天都听到有人赞美圣彼得堡的人温文尔雅、有礼貌、脾气好。要是在别的国家，我会称赞这种平和的性格，但在这里，我只能把它看作我感到不满的那种罪恶的最恶劣的表现。人们是因为害怕才装出一副满足而平静的样子，好让压迫者满意，也好保证受压迫者的安全。真正的暴君喜欢周围都是笑脸。在笼罩在所有人头上的恐怖气氛的统治下，顺从成了普遍的行为法则，受害者和刽子手全都养

1　泰摩兰（Tamerlane，1336—1405），即著名的征服者帖木儿。

成了顺从的习惯，结果使得他们造成的或他们忍受的罪恶永远存在。

如果人们互相间发生了争执，那和他们默默承受的打击相比，警方的介入会让斗殴双方受到更可怕的惩罚，所以，人们会避免任何响动，以免把刽子手招来。

不过，今天早上，我碰巧亲眼看到了下面这个闹哄哄的场面。

当时我正沿着运河往前走。河上有很多装着木柴的船只，有人在把木柴运到岸上。有个搬运工跟同伴吵了起来，结果他们全都打了起来，就像在我们当中碰到类似的情况也会做的那样。挑衅者发现自己势单力薄，就开始逃跑。他像松鼠一样敏捷地爬上一根大桅杆，坐在帆桁上，挑衅那些不太灵活的对手。到此为止，我觉得这一幕非常有趣。那些人眼瞅着自己复仇的希望受阻，忘记了自己是在俄国，气得大叫大嚷，说着狠话。在城里的每一条大街上，每隔一定距离都有穿制服的警探。斗殴者的叫嚷引起了其中两人的注意，他们赶到斗殴现场，命令主要的违法者从高处下来。这人没有听从命令，于是，一名警察跳到船上。那个执拗的搬运工抱着桅杆不放，警察再次命令他下来，但叛乱分子坚决不服从。警察大怒，想要亲自爬上桅杆，而且成功地抓住了逃犯的一只脚。他拼命地拽着这只脚，却

Letters from Russia

没有想想，那个倒霉的家伙怎么下来。对方一看没有希望
逃脱等待他的惩罚，最后就放弃了，松开手，从大约十二
英尺的空中掉下来，落在一堆木头上，一动不动，像只大
口袋。摔下来的严重程度可想而知。头撞到木头上，撞击
的声音连我都能听到，尽管我隔了有五十步远。我以为那
人死了，因为他满脸是血，可这个倒霉的野蛮人以如此方
式落入了陷阱，刚刚苏醒就站了起来。他的脸色——虽然
流着血，但还看得出——白得吓人。他开始像公牛一样发
出痛苦的咆哮。他那可怕的叫声减少了我的怜悯心，他在
我看来不过是头猛兽，因此我无法像对同类一样同情他。
那人嚎叫的声音越大，我的心肠就越硬。在我们能够对于
同情的对象的痛苦感同身受之前，他们必须表现出某种应
有的尊严，这话说得一点不错。同情是一种与联合相关的
感情，但谁会与自己鄙视的人在精神上联合呢？最后，他
们把他带走了，虽然他还在拼命反抗，以拖延时间。其他
警探弄了一条小船靠在边上，把那个被抓住的人双手反绑，
脸朝下扔到船里。这第二次突如其来的撞击之后接着又是
一顿暴打，而此时折磨还没有结束。那个抓住他的警官一
看到他那样伏在船上，就跳到他身上，就像在葡萄压榨机
里踩葡萄一样，开始狠命地用脚踩他。我那时已经到了现场，
所以我说的都是我亲眼所见。在这种可怕的折磨中，受害

者的惨叫声起初越来越高，但当它开始变得越来越弱的时候，我感到再也受不了了，可又无可奈何，便赶紧走了。

最让我反感的是与如此恶心的残暴行径出现在同一幅画面中的雅致。如果在上层社会中少一点奢侈和精致，下层社会的状况就不会让我那么愤慨。这种事情以及与之相关的一切，会让我憎恶世界上最令人愉快的国家，更何况一个灰泥的荒原，一个涂抹过的沼泽！

"夸大其词！"俄国人会说，"为了这么件小事，说得太过分了！！"我知道，你们说它是小事，可正因为如此我才责备你们。你们对这些可怕的事情见得多了，并不能成为你们冷漠的理由。在你们看来，用来绑人的绳子和给狗套上的项圈不过是一回事。

光天化日之下在大街上未经审判就把人打得要死，在彼得堡的公众和警察眼中好像是件非常简单的事情。市民、贵族和士兵，穷人和富人，大人物和小人物，温文尔雅的人和举止粗俗的人，乡巴佬和花花公子，所有阶级的俄国人都同意让这种事情在他们面前继续下去，而没有想想它们是否合法。在别的地方，公民受到整个社会的保护，以防受到不公正的权力代理人的侵害，但在这里，本应为大众服务的代理人却受到保护，不让他们受到被侵害个人的正当指控。农奴根本没有指控的资格。

尼古拉皇帝颁布了一部法典！如果上面我讲到的事实符合该法典的法律条文，那立法者就太糟糕了，而如果它们违背了，那执法者就太糟糕了。皇帝在这两种情况下都有责任。一个凡人，却要承担神的工作，况且还是被迫承担，这是多么不幸！绝对政府只能委托给天使。

我保证这里讲到的事实是准确的。我的话里既没有添枝加叶也没有刻意隐瞒，而且在我叙述的时候，那一幕的最细微之处仍然历历在目。（作者附释：重申一下恐怕很有必要。旅居俄国期间，我把这一篇像其他几乎所有的篇目一样，小心地保存并藏好。）

即便这样的细节能在彼得堡公开，而且加上必不可少的评论，以便引起见惯了形形色色的残暴和不义的有识之士的关注，那也不会产生预期的好结果。俄国的行政部门会这样来处理：让彼得堡的警察以后对待民众的时候看上去温和一点，这样做哪怕只是为了尊重一下外国人非常脆弱的感情也好；但这就是全部了。

一个民族的教养是靠法律和习俗的相互作用逐渐地塑造的，并非魔杖一挥就可以改变的。不管俄国人自许如何，这些半野蛮人的行为仍然很残忍，而且在很长时间内都会如此。从他们成为名副其实的鞑靼人到现在才一个世纪多一点。过去是彼得大帝首先强迫这些人允许女性参加他们的社交聚会。在他们优雅而现代的外表下，这些文明进程中的暴发户有几个依然穿着兽皮。

西欧各民族的青春期从骑士时代的精神中获益良多，但今天的俄国人无法再利用那个时代了；对于他们来说，所有能保留下来的就是一个独立而有影响的宗教。俄国人有信仰，但政治上的信仰并不能让人的心灵得到解放，而是把它封闭在天然利益的狭小范围内。如果拥有天主教信仰，俄国人很快就会基于理性的教导，基于与其开明状况相应的自由，获得普遍的观念。只要他们能够达到这个高度，我相信他们就可以统治世界。他们的体系积弊太深，而到目前为止所采取的办法都是治标不治本——它们让伤口合上了，但没有治好它。真正的文明是从中心向四周扩散，而俄国的文明是从四周向中心扩散。它不过是经过文饰的野蛮而已。

一个野蛮人可能有点虚荣，喜欢赶时髦，能不能因此就说他的心灵有教养呢？我重申，而且也许会再次重申，俄国人在意的不是有教养，而是让我们觉得他们有教养。只要这种公开的虚荣病继续毒害和腐蚀他们的心灵，就会有某些大老爷能够在他们自己人当中以及在我们当中装出有教养的样子，但内心依旧是野蛮人。不过，不幸的是，野蛮人懂得火枪的作用。

尼古拉皇帝的努力证明了我的观点是有道理的。他在我之前就认识到，在俄国，炫耀外表的时代过去了，那片土地上整个文明的大厦都必须重建。

假如是彼得大帝，他会为了重建而再次把它推倒。尼古拉更巧妙，我对这人充满敬意。他殚精竭虑，暗暗对抗彼得大帝这位天才的工作。他虽说还在把那个伟大的改革家奉若神明，可一直在努力让一个一百多年来在模仿的道路上误入歧途的民族重回正轨。现任皇帝的看法哪怕是在彼得堡的大街上也表现得清清楚楚，他不喜欢用外面抹了灰泥的砖头仓促建成的柱廊，他到处用真实取代外表，石材到处在取代灰泥。又大又坚固的建筑正在拔地而起，比引人注目、貌似宏伟的纪念碑式的建筑还高。要让民众具有建设真正文明的能力并且配得上真正的文明，首先正是要让他们恢复原始的性格，否则，一个民族就不知道怎样为子孙后代工作。要是人民想竖立纪念碑来纪念他们自己的力量和伟大，那他们就不应该抄袭外国人——他们必须学会发展而不是抹杀民族的特点。在这种创造中，最近乎造物主的是自然。自然要俄国人专注于大事，可他们在虚假的文明下，关注的是琐事。尼古拉皇帝比他的祖先更清楚他们的能力，所以在他的统治下，通过普遍地回归真实，一切都在变得伟大。在彼得堡矗立着一根柱子，它是到目前为止人工切割的最大的一块花岗岩，埃及的纪念碑式建筑也算在内。七万名士兵，宫廷、城市和周围的乡村，不怕麻烦也不用施压，汇聚在皇宫广场，虔诚地、默默地见证了这根纪念柱奇迹般地竖立起来。纪念柱由法国人蒙特费朗[1]先生设计、制作和安装；因为对俄国人来说，法国人仍然必不可少。一台台庞大的机器运转得都很顺利。柱身松开绳索准备竖立。当它好似注入了生气自己站了起来的时候，军队、人群以及皇帝本人全都跪倒在地，感谢天主创造了如此伟大的奇迹，赞美他让他们取得惊人的成就。这，我称之为真正的国家庆典；它不是彼得霍夫化装舞会那样的本来也会被当作讽刺的奉承活动，而是一幅宏大的历史画卷。伟大的、渺小的、邪恶的、崇高的以及所有其他正相反对的东西，全都进入这个独一无二的国家的结构中，而沉默会使奇迹永存并防止机器失灵。

尼古拉皇帝的改革甚至包括他周围那些人的语言，他要求在宫廷讲俄语。上流社会的大多数女性，尤其是那些彼得堡出身的上流社会女性，都不懂她们的母语，但她们学会了几句俄语，那几句话是在皇帝来到她们有义务在皇宫中保留的几个沙龙时说的，以表示对皇帝的尊重。她们

1　奥古斯特·德·蒙特费朗（Auguste de Montferrand，1786—1858），
　　法国古典主义建筑师。

当中总是有个人充当哨兵的角色，她会用某种惯用的手势宣布君主的到来。君主一来，法语交谈就停止了，到处都可以听到俄语的句子，目的是让皇帝开心。这位君主自鸣得意地观察着他作为一个改革家究竟有多大的力量。他刚一离开，这帮美丽的叛乱分子就开始大笑。

不过，像所有的改革家一样，皇帝生性固执，这种固执最终一定会带来成功。

在矗立着纪念柱的那座巨型广场的一端，可以看到一大堆花岗岩，那是彼得堡的圣以撒教堂。和罗马的圣彼得教堂相比，这座建筑尽管不太宏伟，设计得不太漂亮，装饰得不太华丽，但也相当出众。它还没有完工，所以没有办法对整体情况做出评价，但它巨大的规模会远远超过时代精神在别的民族已经产生的那些作品。它的材料是花岗岩、青铜和铁，没有别的。它的色彩庄严，只是有点黯淡。

这座令人称奇的神庙始建于亚历山大在位时期，现在在尼古拉的统治下，很快就会由那个竖起了纪念柱的同一个法国人（蒙特费朗先生）完成。

为了一座教堂而付出如此的努力，结果却被世俗权力损害了！唉，在这座屋宇下，绝不会再听到宣讲《圣经》了。希腊教会的神庙不再是布道的地方。与对亚大纳西和克里索斯托[1]等人的记忆相反，宗教不是公开教导给俄国人的。希腊教会的莫斯科大公国人禁止宣讲《圣经》，这一点与新教徒不一样；新教徒的宗教恰恰在于《圣经》。

皇帝虽然有大批士兵和艺术家的帮助，但他的努力是徒劳的。他决不会让希腊教会拥有天主不曾赋予它的力量。它可以成为迫害性的教会，但不会成为宗徒的教会，也就是说，作为道德世界的教化者和征服者的教会。管教不会改变人的灵魂。这种政治的和国家的教会既没有道德的也没有精神的生命；因为在没有独立性的地方，也不会有其他任何好东西。教会分裂在把神父与其独立的首脑分开时，立刻将其扔到世俗君主的手里；于是，奴隶制成了对反叛的惩罚。在历史上几个最血腥的时期，天主教会努力解放各个民族，因为不忠的神父把天主出卖给人间的神，好让他以基督的名义对人施以暴政。但这个不虔诚的神父在杀害身体的同时却启发了头脑，因为他虽然完全脱离了正道，却在某种程度上塑造了一个拥有生命和光的教会。希腊神父既没有带来生命，也没有带来死亡，因为他本身就是一具死尸。

---

1 亚大纳西（St. Athanasius, 约296—373），基督教神学家，亚历山大主教。克里索斯托（St. Chrysostom, 约347—407），基督教神学家，君士坦丁堡主教。

画十字，在大街上行礼，在小教堂前屈膝，年老的信徒伏在教堂的人行道上，吻手，妻子，孩子以及普遍的轻蔑，这就是神父放弃权力的结果，以及所有他能从世上最迷信的民众那里得到的东西。多么惨痛的教训！多么严厉的惩罚！教会分裂了，支持教会分裂的神父却受到打击，失去了权能。希望垄断世俗权力的神父之所以一蹶不振，是因为缺少足够高尚的眼光，看不到天主为他指明的道路——容忍君主罢黜自己的神父，因为缺少追随那条道路的勇气，同样也无力承担崇高的使命。

我的思考和议论有点散漫，但我并不觉得这样有什么不好，因为，相比于用一种比较有条理的方式，尽量避免诸如不连贯、东拉西扯或主题混乱之类的指责，我这样可以自由地从一个目标转向另一个目标，从一个想法转向另一个想法，从而可以更好地从总体上描绘俄国，如实地反映它在我眼中的样子。人民的状况，皇帝的伟大，街道的面貌，公共建筑的美观，宗教原则的堕落所引起的心灵的退化，全都同时映入我的眼帘，而且可以说，同时在我的笔下闪过。俄国就是由这一切构成的。对于看似微不足道的事物的思考，可以揭示出俄国生活的原则。

昨天，我和一个法国人在外面散步。他是个聪明人，对彼得堡的情况很熟，因为他是家庭教师，就住在彼得堡一个大贵族的家里，因此有机会了解过客们完全不可能了解的真相。他认为我把俄国想得太好。想到俄国人将会对我提出的责难，这话让我乐了，但我坚持说我是公正的，因为在这里就和在别的地方一样，我憎恶的只是在我看来不好的东西，我赞美所有好的东西。

这个法国人一辈子都生活在俄国的贵族当中。

我们正悠闲地走在涅夫斯基大街漂亮的人行道上，突然，一辆黑色的，或者说深绿色的四轮大马车在我们前面经过。它又长又矮，四面全封闭，活像一具带轮子的大棺材。四个大约六英寸见方的带铁栅栏的小孔，可以给这座移动的坟墓透气透光。一个八岁或者顶多十岁的小孩赶着车上套的两匹马，而且让我吃惊的是，它有不少士兵护送。我还没来得及问我的同伴这么奇特的马车是做什么用的，一张苍白的面孔就让我的问题有了答案。透气孔旁边的这张面孔使我立刻意识到，这辆马车是用来押送囚犯到他们的目的地的。

"这是俄国的囚车，"我的同伴说，"别的国家肯定也有类似的可恶的东西，但他们尽量不让公众看到，而在这里，他们是尽可能地公开。多么可恶的政府！"

"想想它必须面对的困难吧！"我答道。

"啊，您还在受他们花言巧语的欺骗。看得出来，俄国当局可以随意地向您灌输不管什么观点。"

"我尽量设身处地地站在他们的角度考虑问题。没有什么比执政者的立场更需要被公正对待的了，因为事情的现状不是他们造成的；他们的任务是，即便是在进行谨慎的改革，也要维护它。如果只是把统治这个劣等民族的铁棒拿开一小会儿，社会就会天翻地覆。"

"那是他们告诉您的。可是，相信我，他们喜欢这种虚假的必然性。按照他们的说法，那些对于他们不得已才实行的严厉措施怨言最多的人，会后悔放弃它们。他们实质上喜欢不受检查或制衡的政府，这样的政府运作起来要比其他任何政府都容易。没人会心甘情愿地放弃可以让他的工作变得比较容易的东西。要是不借助于地狱中恐怖的景象，您能指望布道者去改变冥顽不化的罪人吗？地狱是神学家主要的惩罚工具。（作者附释：我请求读者记住，那样说话的不是我。）起初他们用它还带着遗憾，觉得那属于必要的恶，但他们很快就喜欢上了要把大部分人都罚入地狱。苛政也是一回事。在尝试之前，它们让人害怕，但在看到它们取得的成功之后，它们受到称赞；请您相信，在这个国家，这样的想法太普遍了。我常想，他们喜欢制造事端，那样一来就必然要加以惩罚，因为他们担心长时间不操练就变得生疏了。难道您不知道伏尔加河畔现在发生的事情吗？"

"我听说那里发生了严重的骚乱，但他们说它们很快就被镇压了。"

"那不用怀疑，可付出了什么样的代价呢？您是不是想说，我准备告诉您这些可怕的骚乱是皇帝的一句话引起的？"

"您决不会要我相信，他会赞成如此可怕的事情吧。"

"我也没有说他赞成。不过，他说过的一句话我相信无意中招来了灾祸。事情是这样的：尽管皇帝委派的管家不公正，但皇帝的农民还是比其他农奴的命运好一点，所以，每当君主获得某个新的领地，其居民便会成为他们所有邻居羡慕的对象。不久前，皇帝买了一个相当大的庄园，那个地区后来造反了。农民马上从周围农村的各个地方派代表去见皇室土地的新管家，恳求皇帝把他们也买了。被选为代表的农奴接着又被派去彼得堡。皇帝接见了他们，对他们很和善。可是，让他们非常遗憾的是，他没有买他们。'我不可能把俄国全买下，'他对他们说，'但我希望，有朝一日这个帝国所有的农民都获得自由；如果事情仅仅取决于我，那俄国人从今往后就会享有我希望他们拥有的独立的地位；我正在竭尽全力帮助他们在将来获得这种独立的地位。'"

"好，这个回答在我看来非常合理、坦率和人道。"

"那是肯定的，但是，皇帝应该知道他这番话是对谁说的，不能因为对农奴心软就对贵族不客气。这些话经过野蛮、嫉妒之人的解释，把整整一个省都点着了，那样一来，就不得不惩罚受到蛊惑犯下罪行的民众。'我们的父亲希望我们得到解放，'回去的代表们在伏尔加河流域的边境地区呼吁说，'他只希望我们幸福，这是他亲口对我们说的，因此，与我们为敌并且反对我们父亲的善意的，只是贵族以及他们的代理人。让我们为皇帝报仇！'这以后，农民们相信他们反抗自己的主人是替天行道，结果，一个县的所有贵族及其所有代理人都和家人一起遭到屠杀。有的被他们串在烤肉扦上活活烤死，有的被他们放在大锅里煮死，庄园的管家和代理人被他们掏出肠子，用其他各种花样杀死。他们把遇到的人全都杀掉，把整个城市全都烧掉，总之，蹂躏了一个省，不是以自由的名义，因为他们不知道什么是自由，而是以解放的名义和皇帝的名义。"

"在我们刚才看到的路过的囚车里，也许就是这样的一些野蛮人。西欧各国的政府采取的温和手段，在这种人身上怎么可能有效果？"

"必须逐步改变人们的观念；但他们没有这样做，而是觉得改变他们的居住地更方便。每次发生诸如此类的事件，村子和整个县都会被迁走。没有哪里的居民有把握保住他们的地盘。结果，已经自然而然地爱上了土地的人们，在奴役中被剥夺了适合他们状况的唯一的补偿。他们没有得到解放，却被接连几下阴招弄得失去了立足之地。君主的一句话就把他们像树木一样连根拔起，脱离故土，送到世界的尽头死去或受苦。置身于最高权力的这些风暴中的农民不爱自己的小屋，尽管那是他在这个世上唯一可以爱的东西；他憎恶自己的生命，不理解它的责任，因为要让人感受到自己的责任就必须让他得到某种程度的幸福。悲惨的生活只能教会他虚伪和造反。自利，如果得到合理的理解，即便不是道德的基础，至少也是它的支柱。"

"但是，要改变人民的精神很困难，它不是一天就可以做到的，也不是一个君主就可以做到的。"

"这是他们真心下功夫去做的事情吗？"

"我想是的，但他们比较谨慎。"

"您说的谨慎，我认为是没有诚意，因为您并不了解皇帝。"

"可以说他固执，但不能说他虚伪。在君主身上，固执往往是一种美德。"

"您相信皇帝的性格是真诚的吗？想想他在普希金死的时候的表现吧。"

"我不清楚那件事的情况。"

我们就这样一路谈着，来到巨大的战神广场。它虽然是在市中心，看起来却像是在荒漠。与卧室相比，在那里谈话被人偷听的危险性很小。我的导游继续说道：

"正如您知道的，普希金是俄国最伟大的诗人。"

"那方面我们不好做出评价。"

"至少我们清楚他的名声。不管是否有足够的根据，他当时名声很大，年轻，脾气暴躁。您知道，他继承了他母亲一方的摩尔人血统。他的妻子非常漂亮，他对她的激情多过信任。他的诗人气质和非洲血统使他很容易嫉妒，正因为如此，在被类似于莎士比亚戏剧中的表面现象和有关不忠的恶毒谣言激怒之后，这位俄国的奥赛罗失去了理智，试图逼迫那个他相信伤害了自己的男人与他决斗。那人是法国人，而且很不幸，还是他的连襟。他名叫丹特士。决斗在俄国是很严重的事情，尤其是，和我们那里不同，它在这里不但不符合法律规定，也不符合人们的看法和习俗，大家对它的印象不好，因为这个国家与其说是信奉骑士准则的，不如说是东方的。决斗在这里和在其他国家一样是非法的，但除此之外，和别的国家相比，公共舆论也不太支持。丹特士先生做了他所能做的一切，想要避开这个麻烦。对于那个痛苦的丈夫的强烈要求，他拒绝了，尽管是以一种有尊严的方式。可即便如此，他还是继续献他的殷勤。普希金快疯了。他盼着死的那个男人经常出现，在他看来是永远的侮辱，所以，为了亲手除掉那个男人，他采取行动，让决斗不可避免。连襟两个打了起来，丹特士先生杀死了普希金。遭到公共舆论谴责的那个人获胜了，而无辜的一方，那位受伤的丈夫，那位民族诗人，却倒下了。

"这起死亡事件引起了公愤。普希金，杰出的俄语诗人，用那种语言写成的最优秀的颂诗的作者，国家的荣耀，斯拉夫诗歌的复兴者，总之，时代的骄傲，未来的希望，倒在一个法国人手里！此事让公众愤怒到极点。彼得堡、莫斯科以及整个帝国都群情激愤。皇帝比在俄国的任何人都更了解俄国人。他小心地加入哀伤的公众。他下令举行葬礼；我不确定他装得是不是有点过，竟然亲自出席仪式，为的是公开他的遗憾，让天主见证他对于英年早逝的民族天才的钦佩之情。

"不管怎样，君主的同情让莫斯科大公国人非常高兴，结果唤醒了一个才华横溢的年轻人的爱国热情。第一艺术得到的尊重与保护让这位过于轻信的诗人欣喜若狂，他竟然胆大到以为自己有了灵感！在充满感激的渴望中，他思如泉涌，甚至冒昧写了一首颂诗，充满爱国的热情，感谢皇帝成为文学的保护人。他以歌颂已故诗人的方式结束了自己的那首杰作。这就是他所做的一切。我读过那些诗，我可以证明作者的动机是纯洁的，至少除非是说，隐瞒内心或许想要在将来成为第二个普希金的愿望是一种罪，而在我看来，年轻人有这样的愿望完全是可以原谅的。

"鲁莽的年轻人！竟然想要成名，竟然在专制统治下流露出对于荣誉的强烈的爱！这就好像普罗米修斯对朱庇特说：'您多保重，我要夺走您的霹雳。'

"因为以那样的方式对其主人之于艺术美和纯文学的热爱公开表示信任，这个有抱负的年轻人得到的回报是一道密令，去高加索继续研究他的诗歌——那里是一座自在的小教堂，附属于古老的西伯利亚。

"在那里待了两年之后，他回来了，身体毁了，精神垮了，头脑中的幻想荡然无存。有鉴于此，您还会相信皇帝那些冠冕堂皇的话和在众人面前的表演吗？"

"皇帝是人，他一样有人的弱点。年轻诗人的引经据典想必有什么触怒了他。也许那些典故是欧洲的而不是民族的。皇帝的做法与叶卡捷琳娜二世完全相反，他挑战而不是讨好欧洲。我承认，这样做不对，其实故意对着干本身也是一种依赖，因为在这种情况下，人完全是受矛盾的影响。但这一点情有可原，尤其是当您想到一辈子都热衷于模仿的君主们给俄国带来的害处。"

"您真是不可救药！"这位古代波雅尔的支持者惊呼道，"那您相信俄国文明是可能的了？它在彼得大帝之前很有希望，但那位君主把它扼杀在萌芽中。到莫斯科去吧，那是古代帝国的中心。但您会看到，所有人都转向了工业投机，而且那里的民族性格和圣彼得堡一样，也被抹去了。尼古拉皇帝尽管持有的看法不同，但他现在犯了一个和彼得大帝差不多的错误。他没有考虑到整个时代的历史，即彼得皇帝时代的历史：历史有自身的宿命，既成事实的宿命。不顺从命运的君主是要倒霉的！"

天色向晚，我们分手了；我一边继续散步，一边想着在无声的专制统治下，习惯于反思的心灵肯定会涌出强烈的抵触情绪。这样的政府并不能损害人的品德，反而会让它们变得更加坚定和强大。

一回来我就坐下，重读了普希金诗歌的一些译文。它们证实了我先前阅读时产生的一个想法。这位作者的风格很多都借鉴了西欧新的诗歌流派。他不但汲取了拜伦勋爵的反宗教观点、我国诗人的社会观念或德国诗人的哲学，还吸收了他们描述的方法。因此，我认为他不是真正的莫斯科大公国诗人。我觉得波兰的密茨凯维奇[1]更像是斯拉

1　亚当·密茨凯维奇（Adam Mickiewicz，1798—1855），19世纪波兰著名诗人，波兰民族独立的倡导者。

夫人，尽管他和普希金一样，受西方文学的影响。

真正的俄国诗人，假如说真的有，如今只能对人民说话。沙龙里没人懂他的诗，也没人读他的诗。没有语言的地方也没有诗，实际上也没有思想者。尼古拉皇帝已经开始要求在宫廷里讲俄语。他们现在嘲笑仅仅被视为他们主人突发奇想的新事物，而下一代却会因为理智对时尚的这一胜利而感激他。

人们说着四种语言却一种也不能熟练掌握，在这样的社会中，民族特色怎么可能得到发展？思想的原创性与语言的纯洁性之间的关系，要比想象的紧密。这一事实在俄国被遗忘了一个世纪，在法国也有些年头了。我们的孩子会感受到时兴英国保姆的后果，那种风气在我们中间已经感染了所有"时尚的"母亲。

从前在法国，第一个法语老师，而且我相信也是最好的法语老师，就是保姆。人终其一生都应该学习他的母语，但是对于孩子，不用正儿八经地教他母语；他不用学习就该在摇篮里接受它。现在我们法国的小孩不是这样，他们从生下来开始，就咿咿呀呀、磕磕巴巴地学说英语和德语，之后才把法语当作一门外语教给他们。

蒙田庆幸自己在学会法语之前就学会了拉丁语。也许，我们要把我们古代文学中最纯正、最富有民族特色的风格，归功于《散文集》作者如此引以为荣的那个优势。他有权利感到高兴，因为拉丁语是我们语言的根，但是，在不尊重自己祖先语言的民众当中，表达的纯正性和自发性完全丧失了。我们的孩子说英语，正如我们的男仆扑粉一样！我相信，现代斯拉夫文学之所以缺乏原创性，原因就在于波兰人和俄国人在十八世纪形成的延请外国家庭教师的风气。当俄国人想把他们的思想再转换成他们自己的语言时，他们需要翻译；由此可见，这种借来的时尚阻碍了思想的流动，同时破坏了表达的简洁性。

到现在为止，中国人为什么能在文学、哲学、道德和立法方面，为人类做出比俄国人更大的贡献？这也许是因为他们对于自己原始的说话方式始终抱有强烈的爱。

几种语言混杂在一起，对于庸人不会造成伤害，相反，它可以为他们的奋斗提供帮助。这种人只适合肤浅的教育，而助长这种肤浅的教育的，是用同样肤浅的方式学习活生生的语言。这样一种轻松的学习方式，或者更准确地说，一种精神上的放松，对于懒汉或者致力于物质上的目标的人非常合适。可是，一旦这种体系不幸被用于优秀人才的教育，它就会阻碍自然的进程，把天赋引入歧途，要么是让人在将来因为碌碌无为而悔恨，要么是让人付出哪怕是最优秀的人在少年期过后也几乎没有闲暇或勇气付出的努力。不是所有伟大的作家都能像卢梭那样。卢梭是作为一个外国人学习我们语言的，而如果像他那样去学习法语，就需要具备他的表达天赋和想象力，加上他固执的性格，还有他离群索居的生活方式。尽管如此，这个日内瓦人的法语和费奈隆[1]的法语之间的差异，也比与如今在巴黎给最上层阶级子女教的那种混杂着英语和德语的语言之间的大。要是卢梭在儿童都说法语的时代（那时的情况也一样）就出生在法国，那这个大作家也许就不会经常把句子写得那么难读了。

当时流行的学习古代语言的做法非但没有害处，还为我们提供了深入了解自己语言的唯一手段，因为我们自己的语言就起源于古代的语言。这种学习的好处除了最适合发展儿童的能力之外——因为作为思维的工具，语言的力量应当首先灌输到儿童心中——还能引领我们回到我们的源头活水，从那里强化我们的民族特色。

俄国在如今君主的领导下摆脱了先前君主的错误，慢慢地恢复了生气，并有望获得一种语言，而我们自己当中的诗人、散文家以及有教养的和自认为开明的人，正在为法国制造出一代浮皮潦草的模仿者，一代缺乏独立思想的

---

1 弗朗索瓦·费奈隆（François Fénelon, 1651—1715），法国神学家、作家。

读者。能够很好地理解莎士比亚和歌德原著的人，竟然既欣赏不了波舒哀[1]和夏多布里昂的散文，雨果的即兴诗作，拉辛[2]的古典主义作品，莫里哀和拉封丹的原创性和胆识，塞维涅夫人的风趣和趣味，也欣赏不了拉马丁[3]的情感和神圣的和谐！正因为如此，他们不能创造出具有足够多原创性的东西，永远保持他们语言的荣耀，并像从前一样把各国的人们吸引到法国，学习和欣赏趣味的奥妙之处。

1　雅各－贝尼涅·波舒哀（Jacques-Bénigne Bossuet，1627—1704），法国神学家，常被认为是法国历史上最杰出的演说家之一。

2　让·拉辛（Jean Racine，1639—1699），法国古典主义时期主要的悲剧作家。

3　阿方斯·德·拉马丁（Alphonse de Lamartine，1790—1869），法国诗人、政治家和历史学家，1848 年革命后曾任临时政府外交部部长。

第十八封信

彼得堡，7 月 30 日

俄国的骚乱·对法俄两国中犯罪及暴行的比较·俄国叛乱的特点·混乱中的秩序·在无知者当中灌输自由观念的危险性·俄国外交优势的几点原因·特勒涅夫的历史，现代俄国的一则故事

今天一大早就有人来访。来访者是上一封信详细叙述了他的谈话的那个人。他给我拿来一份法文手稿，是他主家的儿子、一个年轻的公爵写的。手稿写得非常真实，描述了那时新近发生的事件的无数插曲中的一个；该事件到现在仍然让所有富有同情心和关心别人的人不能忘怀。一个人要是想到，距离皇宫几百里格之外到处都在杀人，而社会要不是采用残酷的手段加以维持就会崩溃，那他还能心安理得地享用奢华的居所吗？

如果有人发现是年轻的某某公爵写了这个故事，那他就完了。正因如此，他把他的手稿交给我，委托我把它发表出来。他允许我把描述特勒涅夫死亡的那段加进我的游记。我会如实地把它加进去，但不会危及任何人

的安全。我对主要事实的准确性确信无疑，读者可以按照自己的喜好，相信或不相信它们。就我而言，我对我不认识的人对我说的事情总是相信的。除非是有证据，否则我不会怀疑。

那个年轻的俄国人，也就是这段故事的作者，希望用我们革命中的恐怖记忆，来为他自己国人的暴行辩护。他提到法国人的一件暴行，即在卡昂杀害了贝尔赞斯先生。他可以在名单上再增加一些人：松布勒伊小姐为了救自己的父亲，被迫喝下一杯鲜血；在巴黎加尔默罗修道院的走廊，阿尔勒主教及其光荣的伙伴英勇殉难；里昂大屠杀；在南特用溺毙的方式处决犯人，卡里耶称之为"共和国婚礼"；还有历史学家甚至都没有记录下来的许多别的暴行，可以用来证明哪怕是在最文明的民族，人性也是残暴的，只不过是以潜在的形式。尽管如此，俄国农民无情的、有组织的、持久的暴行与法国人短暂的疯狂还是有区别的。后者是出现在他们向天主和人类发起的战争期间，不属于他们的自然状态。血腥的气氛改变了他们的性格，过多的激情支配了他们所有的行为。相比于他们无论做什么都以自由之名的时代，他们的自由一点都没少。相反，我们将会看到，俄国人的互相残杀与他们的性格没什么不一致，而且他们还在做那样的事情。

在这个顺从的民族当中，社会制度对每个阶级的影响都很大，观念和习惯对人拥有绝对的统治力，结果，最极端的报复行为依然好像是受到某种程度的纪律约束。杀人从谋划到执行做得井井有条。没有愤怒，没有情绪，没有言语，平静得比疯狂的仇恨还可怕。他们彼此争斗、打倒、踩踏和毁灭，表现出如同绕自身轴线旋转的机器般稳定的规律性。这种在最暴力的事件中的无动于衷，这种在计划时的极度大胆和执行时的极度沉着，这种无声的激情和无言的狂热，似乎——如果可以这么说——不是犯罪。某种与自然相反的秩序，在这个奇怪的国家支配着最极端的暴行。暴政与叛乱步调一致，动作协调。

因为所有的事情都和谐一致，辽阔的疆域并没有妨碍从俄国的一端到另一端，目标实施的准时性和同步性，这一点很神奇。如果他们在俄国民众当中成功地制造出一场真正的革命，那大屠杀就会像一个团队的队形变换那样有规律地进行。村庄会变成兵营，而有组织的杀戮会从农舍开始阔步向前，排成横队，有序推进。总之，当俄国人朝彼得堡的阅兵场开拔的时候，他们会为从斯摩棱斯克到伊尔库茨克的抢劫做好准备。民众的秉性与社会习惯如此统一，导致了一种和谐，而它在好的方面的影响有可能变得和坏的方面的影响一样惊人。

在世界未来的前景中，一切都很模糊，但可以肯定，它会看到这个命中注定的民族在各国面前上演的奇怪景象。[1]

俄国人破坏公共秩序的行为，差不多总是受盲目尊重权力的影响。因此，假如我们相信私下传说的东西，要不是因为皇帝对农民代表的讲话，后者是不会拿起武器的。

我相信这个事实以及我在别处引述的那些事实将会表明，在还没有做好接受准备的民众当中灌输自由的观点是危险的。至于政治自由，我们越是热爱它，就越是应该小心，不要在那些只会用其行事的方式连累他们捍卫的神圣事业的人面前提到它。正是这一点让我怀疑，那个据说是皇帝做出的轻率的答复是不是真的。那位君主比谁都清楚他的臣民的性格，我不相信他会煽动农民造反，哪怕是无意中的煽动。

写特勒涅夫的那位作者描写了暴动中的恐怖行径，而且描写得比较细致、精确，因为主要事件就发生在叙述者的家里。

如果说他把男女主人公的品质和恋情写得很崇高，那

---

1 英译者提供了一些背景知识以帮助读者看懂作品中的这则和类似预言：米设（Meshech）大公——通常认为莫斯科大公国人（Muscovite）这个词就由此而来——会带着他的人马和无数的亚洲盟友，在未来的某个时期毁灭黎凡特和叙利亚。

是因为他拥有诗人般的想象力，但是，在美化情感的同时，他也保留了对这个民族的风俗习惯的描写。总而言之，在一部其优点全在于逼真的描写的作品中，这个浪漫的小故事之所以在我看来的确放错了地方，既不是因为事实和情感，也不是因为描写。

附带说一句，就是这个采用那么可怕的方式重建遭到破坏的公共秩序的国家，血腥的场景到现在还每天在各地上演。俄国人根本没有资格指责法国政局的混乱，并从中得出赞成专制统治的结论。只要让俄国获得二十四小时的新闻自由，我们知道的事情就会把我们吓得连连后退。沉默对于压迫来说必不可少。在绝对政府的统治下，说话稍有不慎，就会犯下叛国之罪。

如果说在俄国人中可以发现比在最先进的文明国家中还要优秀的外交家，那是因为我们的报刊杂志把我们做的或计划做的一切都告诉了他们，是因为我们非但没有小心地掩盖我们的弱点，反而每天早晨都愤怒地揭露它们。而俄国人的拜占庭政体则相反，它暗中运作，把他们所有想的、做的或恐惧的都小心翼翼地隐藏起来，不让我们知道。我们是全无遮拦地前进，他们是披着伪装前进。他们使我们陷入的无知状态让我们什么都看不清楚，我们的诚实让他们把什么都看得清清楚楚；我们承受了闲谈的所有害处，他们拥有保密的所有优势；他们所有的技巧和能力都在这里。

特勒涅夫的历史

（作者附释：为保密起见，我有意改动了人名和地名。我还冒昧纠正了一些不符合我们语言特点的表达方式。）

某某公爵的地产多年来一直由一个叫特勒涅夫的管家管理。公爵因为忙于其他事务，很少考虑他的领地。因为对于自己雄心勃勃的观点感到失望，他旅行了很长时间，希望排遣一个失意廷臣的苦恼。最后，他厌倦了从艺术和自然中为自己在政治上的挫败寻求安慰，回到自己的国家，准备再次接近宫廷，凭借谨慎和勤奋，努力重新赢得君主的欢心。

但是，当他轮番在彼得堡扮演廷臣和在南欧扮演艺术大师，从而白白地浪费生命和金钱的时候，他已失去了农民的爱戴——他们被特勒涅夫的虐待激怒了。这人像国王一样管理着沃洛格达的大量地产。他在那里行使领主权威的方式，让他普遍遭人憎恶。

不过，特勒涅夫有个可爱的女儿，名叫克谢尼娅（作者附释：这个可爱的名字是俄国一位圣女的名字）。和善是这个年轻人与生俱来的品德。因为早早就失去了母亲，她只能接受她父亲可以给她的教育。他教她法语，而她可以说对于路易十四时代的一些经典学得非常透彻。那些经典是公爵的父亲留在沃洛格达城堡中的。《圣经》、帕斯卡的《思想录》以及戎勒玛科斯是她特别喜欢的书。如果只是阅读少数作家的作品，如果那些作家经过精挑细选，如果他们的作品经常品读，阅读就会变得非常有益。现代人之所以轻浮，其中的一个原因是，世上有太多的书没有好好读，而不是没有好好写。

自从所有人都学会了写作，阅读的能力反倒变得比较难得；教会下一代怎样阅读，那会对他们有帮助。

凭借有学问的名声，克谢尼娅十九岁就对整个地区的管理享有当之无愧的全面的影响力。邻近村子的人们都过来向她请教。贫苦农民如果生病、发生争执或者有什么委屈的时候，克谢尼娅会为他们排忧解难。

她的好脾气让她常常受到父亲的责备，但是，做了好事或阻止了坏事，有这样的名声什么都值了。在一个妇女普遍没有什么影响力的国家，她在这个地区发挥的力量没有哪个男人能比得了，那是理性对野蛮的心灵的力量。

就连她的父亲——他无论是从秉性还是习惯上来说都很粗暴——也感受到她仁慈的天性的影响，并经常羞愧地克制住自己的愤怒和粗暴，害怕给克谢尼娅带来痛苦。他像暴虐的君主一样，责备自己的宽厚，责备自己过于温和。他对自己的愤怒引以为荣，并称之为正义，但公爵的农奴对其有不同的说法。

父女俩住在沃洛格达的城堡中。城堡坐落在一片广袤的平原上，那里的风景对于俄国来说极具田园色彩。城堡建在湖畔，三面临水。这座湖的湖岸平坦，几条支流把它和沃洛格达连通起来。几条支流都不长，水流平缓。它们深深地嵌在大地里，蜿蜒流过平原，仅凭沿岸几排矮小的柳树和其他稀稀拉拉的灌木从远处就可以看到。它们在大草原上纵横交错，却没有把它变得更加美丽或更加富饶，因为流水并没有让这片布满沼泽的土地得到改善。

宅邸的外表豪华。从一侧的窗口极目远眺，湖就像大海，因为它深色、平坦的边缘，无论早晚都消失在地平线上。从另一侧的窗口望去，可以看到一片片巨大的牧场，沟渠纵横，柳树成荫。这些牧场——它们的草从来不割——是该地区主要的财富，而精心饲养牧场上漫游的牛群则是农民唯一的工作。

在沃洛格达湖岸觅食的数不清的牛群——由于气候严酷，

它们个头很小，身形羸弱——成了这片风景中唯一能带来生气的东西。这样的景色缺少真正的美感，不过，它们有一种宁静而模糊的梦幻般的壮丽，它的静谧既不缺少庄严也不缺少诗意。那里是没有太阳的东方。

一天早晨，克谢尼娅和父亲一起出去，帮着数一数牛的数量，那是她父亲每天都亲自做的事情。牛群有远有近，点缀在城堡前面，使得绿色的湖岸充满生气。初升的太阳照亮了湖岸，邻近的小教堂的钟声正在召唤一些年老体弱因而不用干活的妇女，以及几个老迈的安度晚年的男人去做晨祷。

这些人头发花白，样貌高贵。依然红润的面色和因为上了年纪而变成了银白色的眉毛，说明这里的空气有益于健康，而且证明了在这个冰天雪地的地方的人类之美。如果我们想要知道，美是否存在于某个地方，需要看的并不是年轻人的面庞。

"看哪，我的父亲，"克谢尼娅一边越过堤道——它成了把城堡所在的半岛与平原连接起来的地峡——一边说，"看那面在我奶兄小屋上面飘着的旗子。"

俄国农民经常获准离家，到邻近的城市做工，有时甚至跑到圣彼得堡那么远的地方。在这种情况下，他们挣的钱要先给主人交租金或贡金，剩下的才归自己。如果这些在外做工的农奴有谁回家，回到妻子身边，一根比小木屋高的松木就会竖起来，像桅杆一样，顶上飘着一面旗子，作为给周围村子居民的信号，好让他们在看到这令人喜悦的标志时，能分享那个妻子的幸福。

正是按照这种古老的风俗，他们才在帕科姆的屋顶竖起了长条旗。费奥多尔的妈妈，上了年纪的伊丽莎白，曾经是克谢尼娅的奶妈。

"那就是说，你的这个不成器的奶兄回来啰。"特勒涅夫答道。

"哦！我很高兴他回来。"克克谢尼娅说。

"这儿又多了一个恶棍，"特勒涅夫咕哝着，"他们已经够多了。"管家总是阴沉沉的面孔，摆出一副更加令人生畏的表情。

"让他变好很容易，"克克谢尼娅答道，"但您不愿出力。"

"是你妨碍我，你用你的软弱和假精明的建议干涉主人的职责。哼！我的父亲和祖父不是用这种方式管理我们老爷父亲的农奴的。"

"但您忘了，"克谢尼娅声音颤抖着回答说，"和其他农民相比，费奥多尔从小就是用温和的方式养大的；他怎么可能像他们？他的教育从一开始就跟我的一样。"

"他应该更好，可他却更坏；教育的结果成了这个样子；但这是你的错，你和你的奶妈总是把他带到城堡，而我这种人又希望让你高兴，忘记了，并且让他也忘记了，他天生就不该和我们生活在一起。"

"这一点您后来残忍地提醒他了。"克谢尼娅叹了口气，回答说。

"你的想法不像俄国人，你迟早会吃了苦头才懂得，必须怎样管住农民。"接着他继续咕哝着说，"费奥多尔这个家伙在干什么，在我给公爵写信之后还回到这里。公爵肯定没读过它们，那里的管家妒忌我！"

克谢尼娅听着特勒涅夫的自言自语，不安地看到管家变得越来越愤怒，因为他认为，他在自己的房子里遭到一个不服管教的农奴的挑衅。她希望用下面这些合情合理的话来平息他的怒气："自从您把我可怜的奶兄差点儿打死，到现在已经两年了。您的严厉得到了什么？什么也没有。他没有说过一句求饶的话，他宁可被打死也不在您的面前低头。因为他知道，相对于他的过错，他受到的惩罚太严厉了。我承认他没有听您的话，但他爱上了叶卡捷琳娜。既然事出有因，冒犯就没有那么严重，可您却不肯考虑这一点。自从那件事还有结婚和随后的出走之后，我们所有农民的仇恨就变得非常强烈，让我为您担心，我的父亲。"

"所以你很高兴看到我的一个最难对付的敌人回来了。"

特勒涅夫恼怒地回答说。

"啊，我不担心他，我们两个喝过同一个人的奶水，他宁肯死掉也不会给我带来不幸。"

"他已经充分证明了这一点；要是他有胆，他会第一个杀掉我。"

"您对他的看法太苛刻了。我肯定，费奥多尔会不顾一切地保护您，尽管您曾经深深地伤害过他。您对他的严厉您记得很清楚，不会忘记。是不是这样，父亲？他现在结婚了，他的妻子已经怀了小宝宝。这种家庭的幸福会让他的性格变得温和。孩子的出生常常改变丈夫的心灵。"

"住口！你的奇谈怪论快把我弄糊涂了。到你的书中去找有爱心的农民和慷慨大度的奴隶吧。我比你更了解我不得不和他们打交道的人，他们和他们的祖辈一样又懒惰又好报复，你永远也改变不了他们。"

"要是您允许我采取行动并给我帮助，我们可以一起改造他们；不过，我的好伊丽莎白到这儿来了，她做完晨祷了。"克谢尼娅一边这样说着，一边跑过去张开双臂抱住她的奶妈。"现在您开心了吧！"

"也许吧。"老妇人用低低的声音回答说。

"他回来了。"

"恐怕时间长不了。"

"什么意思？"

"他们都疯了，但是——嘘！"

"好吧，帕科姆大娘，"特勒涅夫冷冷地撇了一眼老妇人说道，"你的不成器的儿子回到你身边了；我想，他的妻子满意了；他的回来会向你和所有人证明，我不希望他遇到什么不幸。"

"这我很高兴，大人，我们需要您的保护；公爵要过来了，我们并不认识他。"

"什么！什么！我们的主人某某公爵吗？"特勒涅夫非常惊讶，但又不希望让人看出连农民都知道的事他却不知道，于是便不露声色地大声说，"肯定的，我肯定会保护你们；但他不会像你想的那么快就到这里。每年这个季节都说他要来。"

"对不起，大人，他很快就会到这里的。"

管家想问得更仔细一点，但又放不下架子。克谢尼娅看出他的尴尬，就过来帮他。

"告诉我，奶妈，您怎么这么了解我们公爵老爷的打算和活动啊？"

"费奥多尔说的。哦，我儿子还知道其他许多事情呢。他现在是个男子汉了——他现在二十一岁，只比您大一岁，我可爱的小姐。他是那么英俊，要是我敢的话，我会说，我会说你们两个很像。"

"管住你的舌头，老糊涂，我女儿怎么会像你的儿子？"

"他们喝的是一样的奶水，甚至……可是，不，到您不再是我们主人的时候，我会告诉您我对他们是怎么想的。"

"到我不再是你们主人的时候！"

"当然。我的儿子见过了我们的父亲。"

"皇帝？"

"是的。皇帝亲自带话给我们说，我们就要解放了。这是他的意愿。如果事情只由他决定，就会那么做。"

特勒涅夫耸了耸肩，问道，"费奥多尔怎么会跟皇帝说上话？"

"怎么会？他是被这里和邻近村子的所有百姓派去的那些人当中的一个，要去问我们的父亲——"说到这儿，帕科姆大娘突然停了下来。

"问什么？"

老妇人这才意识到说漏了嘴，于是便不再吭声，对管家着急的问话装聋作哑。这种突然的沉默含有某种不同寻常同时又意味深长的东西。

"最后问你一遍，你们是不是在这里阴谋对付我们？"特勒涅夫大怒，抓住老妇的双肩大声喊道。

"很容易猜的。"克谢尼娅走上前，把父亲和她的奶妈分开。"您知道，皇帝去年买下了跟我们相邻的领地。从那时候起，我们的农民就只想着能够有幸归皇帝所有。他们羡慕自己的邻居，认为邻居的条件以前和他们的差不多，但现在大为改善。您不记得了，我们这里许多老人用了各种各样的借口，要您允许他们出去。待他们离开后，有人告诉我，他们已经被其他农奴选为代表，去求皇帝把他们也买了，就像他已经买了他们的邻居一样。周围的各个地方和沃洛格达联合起来，向陛下提出类似的请求。他们说，购买某某公爵领地——包括人和土地——所需要的钱由他们出。"

"的确是这样，"老妇人说，"我儿子费奥多尔在彼得堡遇到了他们，并和他们一起去对我们的父亲说了，昨天他们一起回来了。"

"我之所以不把这事告诉您，"克谢尼娅看着她惊愕不已的父亲说道，"是因为我知道它不会有什么结果。"

"他们已经见了我们的父亲，你还自己骗自己。"

"我们的父亲本人不可能去做他们希望的事情；他不可能买下整个俄罗斯。"

"你知道他们很狡猾！"特勒涅夫继续说道，"这些恶棍富得能买得起送给皇帝的大礼，可对我们却在哭穷。他们不要脸地说我们抢走了他们的一切；可是，如果我们多一点见识，少一点和善，就该把他们剥得只剩下腰带，而就是这根腰带，他们会用它来勒死我们。"

"您不会有时间那么做的，管家先生。"一个年轻的男人用一种轻柔的声音说道。没人察觉到他过来。他手里拿着帽子，站在一簇蒿柳丛中，仿佛是用魔法从里面冒出来的。"啊，是你这个坏蛋？"特勒涅夫大声说道。

"费奥多尔，你对你的妹妹什么也不说，"克谢尼娅插话说，"你过去常常答应不会忘记我。我要比你守信，因为我在那儿，在那个小教堂里，在让我想起你离开的圣弗拉基米尔像前祈祷的时候，没有哪天不提到你的名字。你还记得吗？正是在那里你跟我告别的，现在差不多一年了。"

说完这些话，她朝她的哥哥看了一眼，眼神既温柔又严厉，带有责备的意思，令人印象深刻。

"我把您忘了！"年轻男人的眼睛望着天空，大声说道。克谢尼娅没有作声，那种通常会朝下看的目光坚定但有点凶狠，把她吓坏了。

克谢尼娅属于那种在别的地方根本看不到的北方美人。她根本不像是凡间的。她容貌纯洁，让人联想到拉斐尔的画。如果不是一种淡淡的、非常细微的敏感的表情，她的脸色会让人觉得有点冷漠。到现在为止，还没有什么事情能让她的表情失去平静。二十岁了——那天她刚好二十岁——她还不知道有什么能扰乱她的内心。她身材高挑、苗条，显得特别优美，虽然她走路时习惯性的轻手轻脚掩盖了她天生柔软的身姿。她的柔情有一种只属于她那个国家女人的魅力——她们与其说漂亮，不如说可爱，而如果她们又很漂亮的话，那真是可爱至极——不过，这种魅力在下层阶级身上很少见，因为在俄国，美是贵族阶级的，农妇的天赋总体上远远不如贵妇。克谢尼娅兼有女王的美丽和乡村少女的活力。她的头发在象牙色的高高的前额上向两边分开。她的蓝眼睛像一汪清泉那样清澈，眼睛周围长长的黑色睫毛在她的健康但几乎没有颜色的双颊投下了一抹阴影。她的眉毛虽然用铅笔淡淡地描过，可颜色绝对比头发还黑。她的嘴巴不大也不小，露出雪白的牙齿，映亮了整个面庞。她那玫瑰色的双唇，带有纯真、红润的光泽。她的脸有点圆，可显得非常高贵，而且她细腻、温柔的表情，第一眼便让人不能不感受到它的魅力。她只需添上光环，就可以成为一幅最动人的拜占庭风格的圣母玛利亚像，可惜现在不允许用它装饰教堂了。（作者附释：在某种程度上，希腊教会一直禁止使用圣像。希腊教会中真正的信徒只承认独特的传统样式的圣像，上面覆盖着各种金银装饰，而在那些装饰下面，作品的价值完全丧失了。）

她的奶兄是帝国这个地区最英俊的男人之一。该地区以其居民体形高大优美、外貌健康、神态率直得体而著称。帝国这个地区的农奴毫无疑问是俄国最不需要可怜的人。

漂亮的农民服装穿在他身上非常合适。他的浅色头发从中间优雅地分开，柔软的发卷在完美的椭圆形脸庞的两侧垂下。后面的头发齐根剪了，露出他粗大有力的脖子。为了拢住头顶的头发，这个年轻的劳动者像丢多画中的基督一样，在他白皙的额头系了根王冠一样的发带，发带在阳光下闪闪发亮。

他穿了一件细条纹汗衫，料子染了色，在靠近脖子的地方剪开，一侧开洞，洞的大小刚好能让头套进去，肩膀到锁骨之间有两粒纽扣，可以把它扣牢。俄国农民的这种服装和古希腊人没有袖子的宽松外衣差不多，垂在裤子外面，长及膝盖。要不是在裁剪方式和穿上它时自然的趣味方面优雅了许多，它就有点像法式罩衫了。费奥多尔身材优美，举止从容。他的头优雅地安放在古代塑像一般的肩上，如果不是这个年轻人总是把头快要垂到胸口，会自然而然地呈现出最高贵的仪态。他俊美的脸庞流露出不易察觉的沮丧。希腊式的侧影；闪烁着青春和与生俱来的智慧的蓝眼睛；撇着的、高傲的嘴巴（像古代纪念章上看到的那些人），上方有细小的金黄色髭须；下面是同样颜色的短曲而柔滑的胡子，蓬蓬勃勃，十分浓密，尽管是刚从少年时的绒毛变来的；肌肉强健如角斗士，再加上西班牙斗牛士般的灵活和北方人白皙的肤色——具备所有这些以及其他足以使人自豪和自信的外在天赋的费奥多尔，却因为接受过高于他在自己国家的社会地位的教育，或许还因为他与其卑贱的状况截然相反的天生的自尊心而变得谦卑，几乎总是保持着即将受到审判的罪人的姿势。

他十九岁时就采取了这种忧伤的姿态。那天他在特勒涅夫的命令下受到惩罚，借口是这位年轻人，他女儿的奶兄，而且直到那时一直是他特别喜欢和宠爱的孩子，把他的不知什么无关紧要的话当作了耳边风。此番暴行不是简单的心血来潮的结果，它真正的、重要的动机在后面可以看到。克谢尼娅以为她猜到了对她哥哥来说那么要命的过失的实质。她以为费奥多尔爱上了叶卡捷琳娜，邻村一个漂亮的农家姑娘，所以在几周后，当那个不幸的年轻人伤口刚刚痊愈——因为当时打得非常狠——她赶忙竭尽全力弥补罪过。她觉得要想弥补罪过，唯一的方式就是让他娶了那个令他着迷的姑娘。克谢尼娅刚刚说出她的打算，特勒涅夫的仇恨就似乎减少了。婚事匆匆忙忙地办好了，这让克谢尼娅十分满意，她相信费奥多尔会在幸福中忘掉他的悲伤和怨恨。她这是自己骗自己，没有任何东西可以安慰她的哥哥。只有她明白他受了什么样的羞辱。她是他的知己，尽管他什么也没对她说，因为他一次也没有抱怨过。实际上，他受到的对待很平常，没人觉得有什么大不了。除了他自己和克谢尼娅，谁也没有把它放在心上。

他自尊心很强，回避任何会让他想起自己受辱的事情；但是，每当有同伴要挨打的时候，他都会不由自主地颤抖着逃走；而且一看到有人手上拿着芦苇或柳条，他就会变得脸色苍白。

应该再说一遍，他起初的生活太幸福了。管家的宠爱、上司的纵容和同伴的美慕；说到他，都认为那是出生在公爵庄园中最幸运、最英俊的男人；母亲把他当偶像供着；天使一样可爱的克谢尼娅叫他哥哥，她那温柔而单纯的友谊让他高看了自己；这就导致他没有为命中注定的困苦做好充分的准备，结果有一天，他发现了他整个悲惨的境遇。那以后，他就认为由他的身份所决定的义务是不公平的：在人们眼中，尤其是他自己的眼中，他转瞬之间就从最幸福的人变成了最不幸的人。那么多的幸福在俄国扈从的棍棒底下永远消失了，有什么可以安慰他？对妻子的爱？那能够恢复这个高傲的奴隶的安宁吗？不！过去的幸福挥之不去，让他感受到的耻辱越发难以忍受。他的妹妹克谢尼娅以为促成他的婚事就可以让他重新获得幸福。他照做了，但这只会加剧他的不幸，因为这个试图通过承担额外的责任而变得高尚的男人，只是做了又让他悔恨的事情。

不幸的费奥多尔觉得——这时已经太晚了——克谢尼娅虽然待他不错，可并没有为他做什么。因为无法忍受在他受到过羞辱的地方生活，他离开了他出生的村子、他的妻子以及他的守护天使。

他的妻子低声下气，却出于另外的原因。如果丈夫不快乐，妻子就会感到羞愧。抱着这样的想法，她没有告诉他，她已经怀孕了。既然不能给丈夫带来幸福，她就不希望用这种方式来拴住他。

最后，在离家一年之后，他回来了。他再次看到母亲和妻子，还看到摇篮里有个婴儿，一个长得像他的小天使，但他并不能消除折磨着他内心的悲伤。哪怕是在他的妹妹、现在他只敢称呼她小姐的克谢尼娅面前，他依然一动不动，沉默不语。

他们高贵的身形——根据奶妈的说法，他们的身形以及他们的性格，都有一些相似的地方——在零零星星的牛群里，沐浴在早晨的阳光中，好像他们是牛群的主人。这让人联想到阿尔布雷希特·丢勒画的《亚当和夏娃》。克谢尼娅快乐而平静，年轻的男人假装无动于衷，却掩饰不住脸上流露出的强烈感情。

克谢尼娅女性的直觉一向很准，可这次她却被费奥多尔的沉默给骗了。她以为她兄弟的懊恼是因为想起了痛苦的往事，以为看到过去挨打的地方，容易唤起他悲伤的情绪；但她仍然用爱和友谊为他疗伤。

离开她的兄弟时，她答应经常来奶妈的屋里看他。

不过，费奥多尔最后的一瞥还是吓到了姑娘。那一瞥中不单有悲伤，还有狂喜，掺杂着某种莫名其妙的忧虑。她心头一紧，担心他疯了。

她一向都觉得疯癫很可怕，因为那在她看来是超自然的。因为把这种担忧当作不好的预感，迷信加剧了她的不安。当让人担心的事情表现为预言性的暗示，它们的影响就很难摆脱。模糊、隐约的预感如果表现为即将到来的命运，想象力就会按那样的方式发动起来，创造出它所担心的东西，并影响随后的事态发展，让自身幻想的东西变成现实。

几天过去了，这期间特勒涅夫经常不在。克谢尼娅因为费奥多尔总是闷闷不乐而完全陷入悲伤。她想到的只有他，而且只去看望她的奶妈。

一天晚上，克谢尼娅坐在城堡里看书。她的父亲早上就出去了，说要到第二天才回来，而她对此习惯了，因为她父亲管辖的领地很大，经常要外出相当长的时间。就这样独坐的时候，奶妈突然出现在她面前。

"这么晚来找我有什么事吗？"克谢尼娅问道。

"来和我们一起喝茶吧，我已经为您准备好了。"奶妈答道。（作者附释：最贫穷的俄国人也会有一把茶壶和一个铜水壶，早晨和晚上在小木屋里喝茶。木屋的缝隙塞着苔藓，而且外表极为简陋，与他们高雅、讲究的饮茶习惯形成了奇怪的反差。）

"这个时候了，我不习惯出去。"

"可今天您一定要来，对我您有什么不放心的呢？"

克谢尼娅习惯了俄国农民的不爱说话，以为奶妈为她准备了什么惊喜，于是就起来跟着老妇人走了。

村子空了。一开始克谢尼娅以为人们都睡了。夜晚十分平静，而且不黑。没有一丝风气，沼泽里的柳枝和草地上高高的青草都是一动不动。天空星光闪烁，没有一点云彩。既听不到远处的犬吠，也听不到绵羊的咩咩声。栏里的牛群停止了哞哞声，牧人也不再吟唱忧郁的歌曲——那种类似于夜莺在发出抑扬顿挫的鸣叫之前的颤音。比通常的夜晚更为深沉的寂静笼罩了这片平原，让克谢尼娅的心头沉甸甸的。她开始感到无可名状的恐怖，尽管她不敢冒险打听。难道是死亡天使掠过了沃洛格达？颤抖着的姑娘默默地想着。

突然，一道火光出现在地平线上。

"那是什么？"克谢尼娅惊恐地喊道。

"我看不清楚，"奶妈答道，"或许是晚霞吧。"

"不，"克谢尼娅道，"这是在烧村子！"

"是城堡，"伊丽莎白用低低的声音回答说，"现在要轮到贵族了。"

"什么意思？"克谢尼娅惊恐地抓住奶妈的胳膊说道，"我父亲可怕的预言要兑现了吗？"

"我们快点，我要把您带到比我的小屋还远的地方。"

"你要把我带到哪里？"

"带到一个安全的地方；在沃洛格达已经没有你安身的地方了。"

"可还有我的父亲！他怎么样了？我自己没什么好担心的，但我的父亲在哪儿？"

"他得救了。"

"得救？脱离了什么危险？谁救的？你知道些什么？你是在安慰我，好让我照你希望的去做！"

"我凭圣灵的光向你发誓，我儿子已经把他藏好了，他是为了你才这样做的，而且是冒着生命危险，因为在今天晚上所有的叛徒都会没命的。"

"费奥多尔救了我父亲！多么慷慨的行为！"

"我不慷慨，小姐。"那个年轻的男人走过来扶住克谢尼娅，因为她似乎快要晕倒了。

费奥多尔刚才陪他母亲来到城堡门口，但他没有冒险进去。当两个女人出来的时候，他在后面不远的地方跟着她们，保护克谢尼娅逃走。他妹妹的体力不支使得他不得不显身。但她很快恢复过来，因为危险会让坚强的人们充满力量。

"费奥多尔，跟我说说，这都是怎么回事，接下来怎么办？"

"俄罗斯人是自由的，他们正准备为自己报仇；但是快点，跟上我。"他一边走到她的前面，一边继续说道。

"要报仇？向谁报仇？我从来没有对任何人干过坏事！"

"是的，您是个天使，但恐怕一开始谁都不能幸免。这群疯子！他们只看见敌人，不单单是在我们以前的主人当中，还有他们所有的亲属。杀人的时辰到了，让我们快点。如果您听不到钟声，那是因为他们不想敲钟，免得惊动我们的敌人。再说，要是离得太远，钟声也听不到，所以之前就约好了，当晚上太阳剩下最后一点亮光时，就烧掉城堡并杀掉所有住在里面的人。"

"啊，你说得太可怕了！"

费奥多尔一边催促她快点，一边继续说道，"我被安排在和我们当中最年轻、勇敢的人一起向某某小城进发，准备偷袭它的守军。它的守军只有少数老兵。我们是最强壮的，所以我就想，在第一次行动中，他们没有我也可以。于是我就故意没有参加，背叛了神圣的事业，开了小差，赶到我知道可以找到您父亲的地方。他及时得到警告，藏在属于皇家领地的一个小木屋里。但现在我担心的是太晚了，救不了您，"他一边继续催她往前走，去已经为她选好的藏身之处，一边继续说道，"因为想要保护您的父亲，所以就失去了对您自己来说宝贵的时间；但是我想完成您的愿望，并相信您一旦知道原因，就不会因为耽搁时间而责怪我。另外，您不像特勒涅夫，目标不大。我相信，我们总归可以把您救了。"

"是的，但是你——你完了。"一直忍着没有说话的母亲带着哭腔说。

"完了？"克谢尼娅打断了她的话，"我哥哥因为我完了？"

"他不是在危险的时候离开了他的队伍吗？"老妇人答道，"他有罪，他们会杀了他。"

"我该死！"

"都怪我，"克谢尼娅哭道，"不，你不能死，你一定要逃走，我们一起逃走。"

"不！"

就在他们急匆匆地逃命的时候，火光已经无声无息地在天际蔓延开来。没有一点哭声、火器声和钟声能够证明发生了暴动。这是悄无声息的大屠杀。宁静、和谐的大自然，对着那么多杀戮者微笑的美丽的夜晚，让人的心里充满恐惧。这就好像为了惩罚人，老天也舒展眉头，容忍他们肆意妄为。

"你不会丢下你妹妹不管吧？"害怕得发抖的克谢尼娅突然说道。

"不会的，小姐，但是，一旦您的安全有了保证，我就去自首。"

"我和你一起去，"姑娘拼命地拽住他的胳膊说道，"我不会离开你！难道你以为我会为了活命什么都可以牺牲吗？"

就在此时，这些逃命的人借着星光看到，在他们前面大约一百步的地方，有一排悄无声息的影子在移动。费奥多尔停住了脚步。

"他们是谁？"克谢尼娅低声问道。

"嘘！"费奥多尔轻轻地退到一些栅栏的阴影下，然后，等最后一个鬼影横穿过道路才继续说道，"这是我们的一个小分队，正在偷偷地开过去袭击某某伯爵的城堡。这里很危险，我们赶紧走。"

"那你要把我领到哪里？"

"先到我母亲的一个兄弟那里，离沃洛格达有四俄里。我的舅舅年纪大了，有点痴呆，他不会出卖我们。到了那里，您必须把衣服换了，因为您的穿戴会让人把您认出来。这里有换的衣服。我妈会和她的兄弟待在一起，我希望在天亮之前把您带到特勒涅夫藏身的地方。在我们这个不幸的地区，没有一个地方是安全的，但那里至少最安全。"

"你要把我交给我的父亲！谢谢你，费奥多尔，可你自己接下来怎么办？"

"我会向您说再见。"

"不！"

"不，不，克谢尼娅说得对，你必须跟他们待在一起。"

可怜的母亲哭着说。

"特勒涅夫容不了我。"这个年轻人痛苦地回答说。

克谢尼娅感到此时不是回答的时候。三个逃命的人悄悄地赶路，终于顺利到达了那个老农的门前。

门闩着。老汉睡着了，裹着一张黑色的绵羊皮，四仰八叉地躺在一张粗笨的长凳上，那些长凳像卧榻似的排在房间四周。他的脑袋上方点了一盏小灯，挂在希腊圣母像面前，圣母的头部和衣服几乎全被银质的装饰遮住了。一个盛满热水的水壶，一把茶壶和几只茶杯，还留在桌上。在他们几人到来之前，费奥多尔的妻子刚刚离开，带着孩子躲到她父亲那里。对于她的离开，费奥多尔显得既不意外也不生气，因为他没有让她等他，他希望谁都不知道克谢尼娅藏身的地方。

他在圣母像面前的灯上又点了一盏灯，然后领着母亲和奶妹上了又小又黑的阁楼，就在前面提到的房间上方。俄国农民的房屋结构都差不多。

把她们安顿好之后，费奥多尔独自坐在刚才他妹妹上去的那个摇摇晃晃的楼梯的第一级踏步上，头枕双手，陷入了沉思。

被费奥多尔催得很急的克谢尼娅刚刚打开装有她新衣服的包裹，那个年轻人就站了起来，神色非常紧张，轻轻地吹了口哨，想把母亲叫醒。

"怎么了？"她低声问道。

"把灯熄了，我听到有脚步声，灯光会透过缝隙被人看到。尤其是不要有一点点声音。"

灯灭了，周围仍然一片寂静。

提心吊胆地等了一会儿之后，门终于打开了（克谢尼娅害怕得几乎不敢喘气），一个浑身汗水和鲜血的男人进来了。"是你吗，瓦西里兄弟？"费奥多尔一边朝陌生人走去，一边说道，"就你一个人？"

"不，我们的小分队在门口等我。有没有灯？"

"我给你拿个过来。"费奥多尔答道。他爬上阁楼，从两个哆嗦着的女人手中拿过灯，随即下来在圣母像前面昏暗的灯上点上。"要不要喝点茶，兄弟？"

"好的。"

"这里有。"

这个新来的人开始小口、小口地喝着费奥多尔递过来的茶。这人胸前戴了指挥官的标记。他穿得跟其他农民一样，带了一把没有刀鞘、血迹斑斑的马刀。浓密的红胡子让他的面孔显得十分粗糙，但他的眼神就像野兽一样，一点也不温和。那种滴溜溜乱转的眼神在俄国人当中很常见，除非当他们因为奴隶制而受到非常残酷的对待，到那时他们眼中就会一片茫然，毫无生气。他个子不高，体格粗壮，塌鼻梁，额头饱满但有点低，脸颊突出，并因为常喝烈酒而红红的。他的嘴巴张开，会露出一排白森森的牙齿，但又尖又稀；实际上它就像黑豹的嘴。他乱蓬蓬的胡子上沾着白沫，手上有血迹。

"你是从哪儿弄到这把刀的？"费奥多尔说。

"我是从一名军官的手里抢来的，他被我用他自己的武器杀了。我们是征服者，某某城是我们的了！啊，我们度过了一个多么光荣的夜晚！所有不愿加入我们队伍的人都死了，女人、孩子和老人，都死了！他们在市场上把一些士兵放在大锅里煮死了。我们就在煮死我们敌人的那堆火旁烤火。那真是太好了！"

费奥多尔没有吭声。

"你怎么不说话？"

"我在想事。"

"你在想什么？"

"我在想，我们这是孤注一掷。在一座没有防备的小城，两千个突然袭击的农民，很容易杀掉一千五百个居民和五十个老弱的士兵，但是在并不太远的地方，有不少军队，我们最终会遭到镇压。"

"很有可能！那天主的公义和皇帝的意志怎么办？胆小鬼！难道你不明白犹豫的时候已经过去了？事到如今，我们要么征服要么死亡。听我说，不要把头转过去。我们已经在到处杀人放火了，你明白我的意思吗？这样杀人之后，要得到宽恕是不可能的。整个小城都死了。既然开始干，那就要干到底。你好像对我们的胜利不高兴？"

"我不喜欢杀害女人的人。"

"对坏人必须连根带枝消灭掉。"

费奥多尔沉默了。瓦西里平静地继续他的宏论，只是在喝茶的时候才会停下来。"你好像很难过、很忧愁嘛，我的孩子？"

费奥多尔仍然没有吭声。

"你倒霉就倒霉在你愚蠢地爱上了和我们不共戴天的特勒涅夫的女儿。"

"我？爱上了我的奶妹？可以说，我和她是很要好，但……"

"啐！啐！要好！你们奇怪的很！"

年轻人站起来，想要去捂住另一个人的嘴。

"你这家伙什么意思？你这样会让人以为你害怕被人听到。"瓦西里没有改变他说话的方式，而是继续说道。

费奥多尔没有动，那个农民继续说："我不会上你的当，她的父亲特勒涅夫在虐待你的时候也没有。"

费奥多尔又一次试图打断他的讲话。

"干什么，不让我说话？你跟我一样，都没有忘记他打过你。他打你不是因为你编造的小纰漏，而是因为你惦记着他的女儿。他是想趁着事情还没到无法挽回的地步把你赶走。"

费奥多尔无言以对，他变得狂躁起来，在房间里走来走去。他气得咬自己的手，可又无可奈何，直到他终于找到了话说："你让我想起那可恨的日子，伙计；让我们谈点别的。"

"我一向想说就说。要是你不想搭理我，我就自个儿说；但是，再说一遍，我不希望打断我的话。我比你岁数大，而且是你刚出生的孩子的教父，也是你的队长。你看到我胸前这个标记了吗？那是我在我们队伍中的军衔标记。所以我有权在你面前说话。要是你胆敢反对，我的人就在外面，只要一声口哨，就可以把他叫过来，马上把这栋房子点了。既然这样，还是耐心点吧，我们会相互理解的。"

年轻人又坐了下来，竭力装作满不在乎的样子。

"我刚才说到哪了？"瓦西里低声嘟囔着继续说道，"哦，我刚才勾起了你不愉快的回忆。难道不是吗？但是很可悲，你已经把它忘了，我的孩子，我必须让你重新想起你自己的历史。你至少会明白，我知道如何读懂你的心思，并发现你是不是有叛变的念头。"

瓦西里说到这里又一次停下来，打开窗户，在窗口露出的一个人的耳边说着什么。窗户外面的黑影中，可以看到有另外五个武装的农民。

费奥多尔已经抽出匕首，但又把它重新别在腰上。克谢尼娅的生命受到了威胁，稍有不慎，房子就会被点着，房子里的人也活不了！于是他忍住了，因为他希望能再次见到他的妹妹。爱的奥秘谁能说得清呢？他生命中的秘密无意中被人泄露给了克谢尼娅。这一刻虽然危急，可他心里却非常高兴！极致的幸福纵然短暂又何妨，它在被人感受到的时候难道不是永恒吗？但是，没有爱的能力的人根本无法理解心灵的这些强大的幻觉。真正的爱并不取决于时间，衡量它的标准是超自然的，它的涌动是不应该用人类冰冷的理性来计算的。

短暂的沉默过后，瓦西里的大嗓门让甜蜜而痛苦的费奥多尔回过神来。

"可是，既然你不爱你的老婆，你为什么娶她？你那样做非常愚蠢。"

这个问题再次挑起了年轻人的怒火。

说他爱他的老婆，是要让他失去所有即将得到的东西。"我那时以为我爱她，"他答道，"他们告诉我，我必须结婚。我怎么知道我当时心里是怎么想的？我不希望辜负特勒涅夫女儿的好心。我想都没想就听从了安排。这样做难道不是我们农民的习惯吗？"

"是的。你那时假装你不知道你希望什么？我来告诉你：你只是希望跟特勒涅夫和好。"

"你一点也不了解我！"

"我比你自己还了解你。你以为我们的暴君们还需要我们，所以你就投降了，想让特勒涅夫饶恕你。实际上，要是处在你的位置，我们都会那样做，但我责备你的是，你想要欺骗我，而我什么都看穿了。那时候没有别的办法再次赢得那位父亲的欢心，除了让他不再担心你爱上他女儿会带来的后果。你是带着这种想法结婚的，却没有考虑你可怜的老婆的痛苦。你已经给她判了刑，让她永远受苦。在她正巴望着给你生个儿子的时候你却抛弃了她，良心上没有一点过不去。"

"我离开她的时候不知道，她也没有告诉我。再说一遍，我那样做不是故意的或有预谋的。我一向习惯了听我奶妹的话，她非常有智慧。"

"可惜了。"

"为什么？"

"我是说很可惜，她会成为这个地区更大的损失。"

"难道你会……"

"我们会杀了她，就像我们对别人做的一样……你以为我们会傻到不流尽特勒涅夫——我们最可恨的敌人——最后一滴血？"

"可她对你们从来没有干过坏事！"

"她是他的女儿，这就够了！我们会把父亲送去地狱，把女儿送上天堂，这就是唯一的区别。"

"你们不会干这么可怕的事情吧？"

"谁能拦得了我们？"

"我！"

"你，费奥多尔！你这个叛徒！你被我逮住了！你在战斗打响的那天脱离了你的兄弟们的队伍，就为了……"他的话没能说完，因为就在他说最后几句的时候，费奥多尔已经拿定主意杀了他，那是剩下的唯一一个安全的办法。费奥多尔像老虎一样扑到他身上，一边击打他的胸口，一边把匕首插入他的心脏。与此同时，就在他想喊的时候，费奥多尔用手上的毛皮披风捂住了他的嘴。对于这个垂死之人最后的呻吟声，费奥多尔并不担心，它们太微弱，外面听不到。稍微安慰了一下母亲之后，他准备给她把灯拿来，好再收拾一下让克谢尼娅逃走，但就在从熟睡的老汉身边走过的时候，老汉醒了。

"你是谁？"他对他的外甥说。他没有认出他，而是紧紧地抓住他的胳膊。"血腥味怎么这么大？"于是，他向四周张望，最后大吃一惊，看到了那个死人。

费奥多尔已经把灯灭了，但圣母像前面的灯还点着。"杀人啦！杀人啦！救命哪！"老汉扯着嗓子大喊。由于事发突然，费奥多尔来不及阻止他的喊叫。老汉极度恐惧，而且他的力气还很大。倒霉的费奥多尔不知所措。老天没有帮他。

埋伏着的瓦西里手下的那帮人听到了喊声。费奥多尔还没来得及挣脱紧紧抓着他的可怜的傻老汉——他对老汉的尊重使得他没有伤害其性命，只是这样一来，他自己的性命就危险了——六个拿着绳子、干草叉、一端削尖了的木棍还有长柄大镰刀的人冲了进来。顷刻间便抓住了费奥多尔，夺下他的武器并把他捆起来。

"你们要把我带到哪里？"

"沃洛格达城堡。在那里把你和特勒涅夫一起烧死。你会看到你的背叛没有救得了他。"

这些话是那帮人中年纪最大的说的。费奥多尔没有吭声，那人平静地继续说道："你没有想到我们的胜利会这么彻底和迅速，因为到处都是我们的队伍。它就像一场洪水，代表着神圣的正义。没人能逃得出我们的手心，我们的敌人掉进了他们自己设下的陷阱。天主站在我们一边。我们早就怀疑你了，而且密切监视你的情况。有人跟踪特勒涅夫去了你领他藏身的地方，而且已经在那里把他抓住了。你们会死在一起，城堡已经点着了。"

费奥多尔一言不发，低着头，跟在这帮刽子手的后面。他希望他们快点离开这个倒霉的小屋，那样克谢尼娅就得救了。

六个人在他前面抬着瓦西里的尸体，另外六个人点着火把围在他周围，剩下的人一言不发，跟在后面。这支送葬的队伍默默穿过的这片地区，四面八方的大火把它照得通明。地平线的周长似乎在不断地缩小。一个火圈围住了这片平原。沃洛格达在燃烧，某某小城在燃烧，还有公爵的所有城堡和庄园，以及周围的几个村庄。森林本身也未能幸免。到处都在杀戮。大火照亮了幽暗的森林深处。再也没有僻静的地方了。在一个连森林都在燃烧的平原上，谁还能藏得住？四面八方同样都照得通明，没有哪里是安全的避难所。恐怖正处于高潮，夜已消逝，可太阳还没有升起来。

随着在乡下到处游荡的那些强盗的加入，押送费奥多尔的人增加了。抵达城堡的时候，队伍已经很大了。

在那里，等待着几个囚徒的是一个多么壮观的场面啊！

完全用木头建成的沃洛格达城堡，看起来就像一座巨大的火葬堆，腾起的火焰直冲云霄！那些农民在纵火之前已经抢掠过这座古老的宅邸，他们以为他们已经把克谢尼娅烧死在她父亲的房子里。

水面上有一排船，紧挨在一起，把已经建好的封锁线变得更加严密。城堡前面，在暴动大军围成的半圆形的中央，倒霉的特勒涅夫被从藏身的地方揪了出来，强行带到准备处死他的刑场，绑在柱子上；大批急切地想要看到这幅场面的征服者，从四面八方蜂拥来到这个集结的地点。

守卫他的队伍在猎物周围形成了一道圆圈，在熊熊大火的映照下露出了他们可恶的旗帜。天哪！多么恐怖的旗帜！它们是第一批受害者的血肉模糊的残骸，挑在长矛和马刀上。

头发散乱的女人的头颅，戳在干草叉上的人体的碎块，缺胳膊少腿的婴儿，血淋淋的骨头。这地方好像住满了厉鬼，它们从地狱里逃出来，似乎就为了协助人间最后的居民的狂欢。

自由的这种所谓胜利，就像自然的某种大灾变。城堡的木头烧得噼啪直响，犹如火山喷发。人们复仇的怒火就像熔岩，它在地球内部默默地沸腾了许久，终于找到了发泄的机会，于是便四处奔流。在人群中可以听到含混的咕哝声，但根本分不清任何说话的声音，除非是受害者的，他们的诅咒让刽子手的内心充满快乐。这些恶魔大多非常美丽，举止风度有一种天生的高贵和温柔。他们与其说是人类，不如说更像是邪恶天使，脸上依然带有纯朴的光环。费奥多尔本人和迫害他的人就非常相像。所有具有纯正的斯拉夫血统的俄国人，脸上都看得出他们同属一个大家庭；哪怕是在互相杀戮，也看得出他们是兄弟；这让杀戮显得越发可怕。

但在另一方面，他们不再是自然之子，他们是被残酷的社会体系扭曲的人。自然的人只存在于书本中，是那里面慷慨激昂的哲学论说的主题，是道德家们从中得出他们结论的理想类型，就像数学家基于给定的数量进行的某些计算一样。自然对于原始的人类就像对于堕落的人类一样，仍然是一种社会状态，而最文明的社会不管怎么说都是最好的。

死亡的圆圈暂时开了一个缺口，好让费奥多尔和可恶的押送人员进来。特勒涅夫被绑在柱子上，一开始没有看到他年轻的拯救者。马上就要行刑了，人群中发出恐怖的咕哝声。

"鬼！鬼！是她！"四周听到这样的惊叫。圆圈散了，人们开始奔逃，连刽子手也在幽灵面前逃走了！凶残很容易和迷信联系在一起。

不过，几个比较坚定的暴徒拦住了想要逃走的人群。他们大喊说，那是克谢尼娅本人，她还活着，被他们抓住了。

"等等！等等！"有个女人喊道。那痛苦的声音直入所有人的心坎，尤其是费奥多尔。"让我过去，我要看看他们！他们是我的父亲和兄弟！你们不会不让我和他们一起死吧?"话没说完,克谢尼娅已经来到费奥多尔无法动弹地站着的地方,晕倒在他的脚下。

此处我们觉得有必要对这凄惨的景象描写得简略一些,长话短说。不过我们首先要请求原谅我们所讲的东西。

在前面我们提到的那个小木屋里,克谢尼娅因为担心给费奥多尔带来更大的危险,所以强忍着没有出声,但是,当只剩下她们两个女人时,她就逃走了,想要赶去分担她父亲的命运。

特勒涅夫的死刑开始了。天哪!多么可怕的死亡啊!为了让这个不幸的人死得更惨,他们把费奥多尔和克谢尼娅拉到他眼前,坐着绑在一个草草搭成的简陋的台子上,离他很近。接着,他们一个一个地砍掉特勒涅夫的双脚和双手。最后,当被砍去四肢的躯干差不多血已流干的时候,他们把特勒涅夫自己的一只脚塞进他的嘴里,不让他发出垂死的喊声。

在沃塞勒桥上吃掉贝尔赞斯先生心脏的那些卡昂郊区的女人,与特勒涅夫死刑平静的看客相比,算得上是人道的楷模。

这是在仅仅几个月前发生的事情,并且是在距离一座最受人夸赞的欧洲城市不到几天路程的地方!在父亲停止受苦之后,一名刽子手走上前去抓住了女儿,但他发现,她已经僵硬冰冷了。在刽子手折磨她父亲的过程中,她一动不动,一言不发。

费奥多尔看到这个情形,仿佛体内某种超自然的影响起了作用,猛地清醒过来。他迸发出不可思议的力量,挣脱绳索和抓着他的那些人,冲向他深爱的妹妹,把她从地上抱起来,紧紧地搂在怀里,许久之后,又轻轻地、恭恭敬敬地把她放在草地上。即使在生命中最悲惨的时刻,他依然表现出东方人特有的沉着和镇定,对凶徒们说:"不许你们碰她。她已经属于天主了,因为她疯了。"

"疯了?"那群迷信的人说,"天主与她同在!"

"是他,是这个叛徒,她的恋人,让她装疯的!不,不!我们必须把天主和人类的敌人全都消灭干净,"这群野蛮人中最凶残的那部分人大声嚷道，"再说，我们立过誓，我们要尽到自己的责任！我们的父亲（皇帝）决意这样，而且他会补偿我们。"

"你敢靠近她试试！"费奥多尔又一次像发了疯似的绝望地喊道，"她任凭我把她抱在怀里，你们看，她一定是疯了。不过，她说话了！听！"

他们靠近过来，听到了这些话："原来，他爱的是我！"

只有费奥多尔明白这话的意思。他双膝跪倒，泪流满面地感谢天主。

刽子手们不情愿地、敬畏地向后退去。"她疯了！"他们低声地互相说道。

从那以后，她就不断地念叨，"原来，他爱的是我！"

许多人看到她如此平静，总怀疑她是不是真疯。据推测，费奥多尔的爱在被无意中说破之后，在其奶妹心中唤醒了尽管强烈却很纯洁的柔情。不幸的姑娘对他一直怀有这种柔情，但无论是她本人还是她的恋人，都没有意识到，结果，这种不合时宜的突然的发现让她的心碎了。

到现在为止，无论怎么开导或怎么劝说都不能阻止她重复这些话。它们从她的口中机械地说出来，滔滔不绝，非常瘆人。

她的心灵，她的整个存在，都已停滞并集中在费奥多尔勉强承认的爱上。她的智力器官实际上还在弹簧的作用下继续运转，遵照意志的提示，而意志总是嘱咐它们，反复念叨那句神秘而又神圣的话，它们能够满足她的精神生活。

费奥多尔没有在特勒涅夫之后被杀，那不是因为刽子手，而是因为看客们厌倦了，因为被动的参与者要比主动干坏事的人更快地厌倦犯罪。看够了流血的人们希望把那个年轻人留到第二天晚上再杀。在此期间，很多军队从四面八方赶来。第二天，发生暴动的那个县被包围了，大量村民被杀，罪大恶极的死得很惨——不是判处死刑，而是一百二十下鞭刑。剩下的被赶到西伯利亚。尽管如此，沃洛格达邻近地区的居民还是没有恢复平静和秩序，每天都有几百个农民背井离乡，集体流放到西伯利亚。村庄废弃了，地主们也破产了，因为在这类地产中，构成业主财富的是人。某某公爵富庶的领地，如今成了阴森森的荒野。费奥多尔，还有他的母亲和妻子，不得已也跟在他们被废弃的村子的居民后面。

在流放者离开的时候，克谢尼娅来了，但她没有说再见，因为这个新的不幸并没有让她清醒过来。

出发时，一件未曾料到的事情加剧了费奥多尔及其家人的痛苦。他的妻子和母亲已经上了大车，他也会跟在她们后面永远地离开沃洛格达，但他只看到克谢尼娅，只为他的妹妹——一个神志不清或者至少丧失了记忆的孤零零的女人难过，而他将把她抛弃在他们家乡尚有余温的灰烬中。她需要最善良的帮助，而陌生人将会成为她唯一的保护者。想到这一点，绝望的痛苦让他欲哭无泪。马车中传来的一声尖叫把他的注意力引向妻子一边。他发现她快要晕过去了，因为有个士兵想要抢走她的孩子。

"你要干什么？"心烦意乱的父亲大喊道。

"把他放到路边那儿，他们会把他埋了。你看不到他已经死了吗？"那个哥萨克答道。

"我自己会带着他！"

"你不准碰他。"

这时，吵嚷声引起了其他士兵的注意，他们抓住费奥多尔。费奥多尔无力反抗，只能哭泣哀求。"他没有死，他是晕过去了。让我抱着他，"他一边抽泣一边说道，"如果他没有心跳了，我会把他交给你。你可能也有儿子，那就可怜可怜我吧。"这个不幸的人痛苦不堪。那个哥萨克被打动了，把孩子还给他。父亲一碰到那具冰冷的尸体，他的头发就在他的额头竖了起来。他向周围看了看，结果看到一脸关切的克谢尼娅。世上没有任何东西，无论是不幸、不义、死亡或者疯癫，可以破坏这两颗生来就相互理解的心灵的契合。

年轻人向克谢尼娅做了个手势。士兵们尊重这个穷困的疯子。她走上前来，从那个父亲手中接过孩子的尸体，一句话也没说。接着，特勒涅夫的女儿依然一言不发，摘下自己的面纱，把它递给费奥多尔。然后，她把那具小小的尸体紧紧地抱在怀里，承担起神圣的重任，一动不动地站在原地，直到她看着她深爱的哥哥，由哭泣的母亲和奄奄一息的妻子一边一个扶着，永远离开了他出生的村子。她久久地目送着押送流放农民的队伍。最后只剩下了她一个人，连最后一辆大车都消失在通往西伯利亚的路上，这时，她带走了婴儿，并开始同那具冰冷的遗体玩耍，给予他最温柔的照拂。

"那么说，他没有死！"旁观者说，"他会活过来，她会把他救活！"

多么强大的爱的力量！谁能规定你的范围？

费奥多尔的母亲不停地责怪自己。当初要是把克谢尼娅留在老汉屋里，"她至少不会眼睁睁地看着自己的父亲被杀。"好心的伊丽莎白说。

"那她就不会疯了，结果只会增加她的痛苦。"费奥多尔答道。然后便是死一般的沉默。

可怜的老妇人过去是逆来顺受。无论是大屠杀还是大火，都没能让她嘴里有一句怨言。可是，当必须和其他沃洛格达人一起忍受流放的痛苦，离开她孩子出生在那里和孩子他爹死在那里的小屋时，当她不得已要抛下她无助的、老糊涂的兄弟时，她却失去了勇气，一下子没有了原来的坚忍。她紧紧抓着小屋的木板不放，直到最后被强行拉走，上了一辆我们前面提到过的四轮运货马车，她在马车上为她心爱的儿子的出生不久的孩子哭泣。

恐怕没有人会相信，克谢尼娅的呵护和能够带来生气的呼吸，或许还有祈祷，终于让费奥多尔原以为死了的孩子起死回生。这个因为怜爱或虔诚而带来的奇迹，让她被从北方过来在沃洛格达废墟上定居的陌生人尊为圣人。

那些认为她疯了的人不敢从她那里带走她兄弟的孩子，因为没有人想要和她争夺那个宝贵的、以那样神奇的方式从死神嘴里救下的猎物。这种爱的奇迹甚至会让那位流放的父亲感到安慰。如果他知道儿子得救，而且是克谢尼娅救的，他的心里将会再次感受到喜悦和激动。

一只山羊跟着她，为婴儿提供营养。人们有时会看到一幅生动的画面：阳光下，童贞女母亲坐在她出生的城堡的黑色废墟中，对着她灵魂的孩子，那位不幸的流放者的儿子，深情地微笑。

她怀着童贞女的善意，把小孩轻轻地搁在膝头。每当他醒来，她的脸上就露出天使般快乐的笑容。她对世界无知亦无恨，她从仁慈转向爱，从爱转向疯癫，从疯癫又转向母性。愿天主保佑她！

有时，她似乎陷入某种甜蜜而悲伤的回忆，然后，作为往昔的一种无意识的回响，她的嘴里会机械地嘟哝着下面这些神秘的话——"原来，他爱的是我！

无论是这位俄国诗人还是我自己，都毫不犹豫地把"童贞女母亲"这个说法用在克谢尼娅身上，我们谁都没有想到我们对天主教诗人庄严的诗篇缺乏尊重——"啊，童贞女母亲，你儿子也是你父亲"（作者附释：《神曲·天国篇》第三十三曲。）——或者亵渎了在这寥寥数语中指出的深刻的奥秘。

第十九封信

彼得堡，8月1日

皇帝不在时的圣彼得堡·廷臣的特点·官阶表·它的实质和起源·贵族的毁灭·彼得大帝的性格·官阶表分十四级·皇帝手中巨大的权力·关于俄国未来影响力的相反的看法·俄国人的好客·繁文缛节·俄国人和法国人的区别·俄国人的诚实·拿破仑的看法·帝国中唯一诚实的人·被损害的野蛮人，彼得大帝的错误·荒诞的建筑·码头之美·大广场·教堂·塔夫利达宫·古董维纳斯像·艾尔米塔什·绘画陈列馆·叶卡捷琳娜女皇秘密的社交法典

　　我答应过朋友，不看到莫斯科这座充满神话色彩的城市就不回法国。它有史可依，却依然充满神话色彩，因为和它有关的一桩桩重大的事件，让它的名字显得比别的任何名字都更富有诗意，虽然那些事件让人想到发生在我们时代的最明明白白、无可怀疑的事情。

　　这个具有史诗性质的地方有种崇高的气质，它以奇怪的方式与属于数学家和股票经纪人的时代精神形成了鲜明的对照。所以我迫不及待地要赶到莫斯科，两天后我就动身。不过，我的迫不及待不会妨碍我详细地说一说在到达

那里之前所有给我留下深刻印象的东西，因为我打算尽我所能地描绘出这个广袤而独特的帝国。

皇帝不在的时候，彼得堡沉闷至极。这座城市无论在什么时候都没有显出可以称得上欢乐的东西；可要是没有了宫廷，它就是荒漠。读者清楚，它一直都受到海水破坏的威胁。今天早晨走过它冷冷清清的码头和空空荡荡的街道时，我对自己说："这座城市肯定是快被淹没了，居民们已经逃走，海水很快就会重新占据这片沼泽。"根本不是这么回事。彼得堡之所以死气沉沉，不过是因为皇帝在彼得霍夫。涅瓦河的河水被大海拦回来，水位抬得很高，而河岸又很低，结果这个巨大的入海口连同它无数狭长的通道就像一片死水，一片漫出的沼泽。他们把涅瓦河叫作河，那是因为没有更准确的说法。在彼得堡，涅瓦河已经变成了海；在地势高一点的地方，它是一个海峡，有几里格长，可以让拉多加湖里多余的水流进芬兰湾。

在修建彼得堡码头的那个年代，俄国人中间流行矮小的建筑。在一个一年当中有八个月积雪会把墙体高度降低六英尺的国家，这种做法很不明智，而且那里的地表没有任何变化，可以稍稍缓解一下构成了不变的地平线、包围着海洋一样平坦的景色的那个正圆的单调感。年轻的时候，在卡拉布里亚海岸的高山脚下，在除了大海之外所有轮廓都是垂线的地貌面前，我激情澎湃。相反，在这里，我只看到平坦的表面，尽头是天水之间划出的一道完美的地平线。涅瓦河边的宅邸、宫殿和大学，似乎刚刚高出地面，或者更准确地说，高出海面。有的只有一层，最高的也不过三层，全都是一副破破烂烂的样子。船上的桅杆比屋顶还高。这些屋顶是用油漆过的铁皮做的，轻而好看，但非常平坦，就像意大利的一样，然而只有尖屋顶才适合下雪较多的国家。在俄国，每走一步我们都对这种盲目模仿的后果感到震惊。

在据说是意大利式的一座座方块建筑之间，是宽敞笔直的空荡荡的狭长通道，他们称之为大街。那些狭长的通道虽然带有突出的柱廊，但无论如何算不上是古典的。让这座城市更显得沉闷的是很少看到女性。漂亮的女人出来时很少徒步。想要散步的富人身后总是跟着一个仆人。在这里，这样做是谨慎而必要的。

只有皇帝才有力量让人居住在这个讨厌的地方，可一旦它的主人不在，那里的居民也很快就没了。皇帝就像魔法师，让人形的机器能想会动。魔法师要是在，俄国就醒着，魔法师要是不在，俄国就睡着了。宫廷离开之后，这座豪华的大都市就像是演出结束的剧场。我从彼得霍夫回来，几乎认不出这座四天前离开的城市。但是，如果皇帝今天晚上回来，明天所有的东西又会恢复原样。要想理解君主目光的力量，我们得变成俄国人才行；从拉封丹所说的情人的目光来看，那是非常不一样的事情。你是不是以为一个年轻的姑娘会在皇帝面前给她的风流韵事添上某种思想？不要自己骗自己了，她只想着能让她的兄弟得到提拔。一个老女人，一旦呼吸到宫廷的空气，就不再感觉到自己身体的虚弱。她可能根本就没有家人需要提供支持，不过没关系，她扮演廷臣的角色纯粹是因为喜欢这种游戏。她的顺从不带任何目的，就像其他人纯粹是因为喜欢而扮演一样。就这样，因为试图甩掉岁月的重负，这个满脸皱纹的木偶失去了年龄的所有尊严。年老色衰还在忙着勾引他人，我们对此毫不同情，因为这样做很荒唐。到了生命的尽头，无疑是时候开始练习时间一直在教导的那门功课、那门伟大的艺术了，也就是要学会放弃。那些早就学会把这门功课用起来的人是幸福的。放弃是有力的证据，能证明人的强大：在位置失去之前便先行放弃，这是老年人的策略。

不过，这种策略在宫廷却不太行得通，而且和别的宫廷相比，圣彼得堡的宫廷更是如此。忙碌的、不安分的老女人是俄国宫廷中的瘟疫。恩宠的太阳让野心勃勃之人目眩神迷，尤其是那些女性。它让他们看不清自己真正的兴趣，而那样一来，就会遮蔽其内心的痛苦而保全他们的骄傲。相反，俄国的廷臣以其灵魂的卑贱为荣。这里的献媚者在桌面上洗牌。我只是很惊讶，他能在一种对于世人来说那么明显的游戏中赢得任何东西。在皇帝面前，哮喘的能呼吸了，瘫痪的能活动了，痛风的不痛了，情侣不再充满激情了，年轻人不再试图自娱了，有识之士不再思考了。代替人的所有这些精神和身体状态的是，一个贪婪而虚荣的人直到生命的最后一刻都是劲头十足。这两种激情是所有宫廷的生命，但在这里，它们让牺牲品展开了一场军事竞赛，一场有纪律的较量，其激动人心的影响蔓延到所有的社会舞台。通过费尽心思的献媚来更进一步，这就是这帮受过礼仪教育的人非常有趣的想法。

然而，一旦这些献媚的尘埃在其光柱中浮动的那个发光的天体不再悬于天际，那就会是怎样一副衰颓的景象啊！这就像夜露沾涴了浮尘，或者《恶魔罗贝尔》[1] 中的众修女又回到她们的墓穴，等待新一轮的信号。

由于所有人都一门心思想着升迁，交谈是不可能的。俄国廷臣的眼睛是宫廷的向日葵。他们说话心不在焉，眼睛始终盯着太阳的恩宠。

1　大歌剧《恶魔罗贝尔》（Robert le Diable）是剧作家贾科莫·迈尔贝尔（Giacomo Meyerbeer）的作品，1831 年 11 月在巴黎首演。

皇帝不在并没有让交谈变得随意一点，因为他仍然活在人们心中。结果，不是眼睛，而是思想变成了向日葵。总之一句话，对于这个不幸的民族，皇帝就是神、生命和激情。想象一下吧，人的存在竟然沦落到这种地步，希望通过顶礼膜拜来换取表示认可的一瞥！在这里，对于可以从中得到的好处，天主在人心中注入了太多的激情。

设身处地地站在这里唯一有权利生活得自由一点的那个人的角度，我是非常替他担心的。扮演六千万人的天主是件苦差事。这个天主只有两种选择：要么表现为一个凡人，从而废掉自己的力量，要么带领他的信徒去征服世界，从而维持他的神性。正因为如此，在俄国，所有生活不过是一所培养人野心的学校而已。

但是，俄国人是用什么办法把自我克制做到这种地步的呢？什么样人为的手段可以产生这样一种政治后果呢？原因全在官阶表。官阶表是化学反应产生的电流，是这里的灵魂和肉体清晰可见的生命，是比其他任何激情都更持久的激情。我已经揭示了它的影响，因此，我有必要解释一下它的本质。

官阶表把国家变成了一个军团；它是用在社会各阶级，甚至根本不会参加战争的那些阶级身上的军事体系。简单地说，就是把平民分成相当于军衔的若干等级。因为有了这种制度，哪怕是从来没有见识过操练的人，也可以获得上校头衔。

为了理解俄国的实际状况，我们总是必须追溯到彼得大帝那里。他受到某些民族偏见的困扰，那些偏见与贵族制有相似之处，而且妨碍他实行自己的计划。有一天，他发现自己臣民的头脑太缺乏独立性，于是，为了纠正这种坏习惯，这个洞察力非常敏锐但有点狭隘的优秀的匠人，不得已想了一个办法，把牧群，也就是他的臣民，分成若干阶级。阶级与姓氏、出身以及家族没有一点关系，所以只要皇帝乐意，帝国上层贵族的子孙也可能属于下层阶级，而农民的后代也可能上升到最高阶级。在这种制度下，所有人的地位都仰赖君主的恩宠。就这样，俄国成了一个多达六千万人的军团，而这就是官阶表，彼得大帝最了不起的成就。

那位君主用这种办法一天之内就摆脱了存在了几百年的束缚。暴君在开始改造其臣民的时候，不管是自然、历史、特色还是生命，都不再被当作神圣的。这样的牺牲让伟大的成果来得很容易。彼得比谁都清楚，只要社会中存在贵族阶层，个人专制就不过是臆想的东西。所以他说："为了实现我的统治，我必须消除封建制的残余，而这样做的最好的办法，就是让绅士们显得滑稽可笑，就是让贵族成为我自己的创造物从而毁灭它。"结果，即便它没有被毁灭，至少也因为虽然没有取代它，却占据了它的位置的制度而失去了价值。在这个社会体系中存在不同的等级；进入这些等级，就是获得世袭的贵族身份。我更愿意称之为"强人彼得"的彼得大帝，在半个多世纪前就抢在我们现代革命的前面采取了行动，用那样的方式粉碎了封建制的精神。在他的统治下，它不如在我们当中那样强大，也赶不上现代俄国半民半军的制度。彼得看问题看得很清楚，但还是有局限。要在那么大一片废墟上建立他的体系，除了进一步舒舒服服地模仿欧洲的文明之外，他不知道怎样好好地利用被他据为己有的过度的权力。

如果是具有创造力的天才掌握了这位君主篡夺的行动手段，那就会创造出伟大得多的奇迹。跟在其他国家后面登上世界大舞台的俄罗斯民族，拥有取代了创造力的模仿的天赋，所以竟然让一个木匠的学徒做了它的推动者！要是在一个不那么喜欢琐事，不那么喜欢细节的首领的统治下，那个民族就会变得出类拔萃，真的，虽然会慢点，但更加光芒四射。它的符合自身内部需求的力量，就会变得对世界有用，而现在，它只是令人惊讶。

一个世纪以来，这个身着粗布的立法者的几个继承人，集征服邻国的野心和模仿邻国的虚弱感于一身。如今，尼古拉皇帝认为时机已到，俄国为了征服和统治世界，已经不再需要从外国人当中寻找典范了。他是从伊凡四世以来第一个真正的俄国人君主。彼得一世在性格上是俄国人，但在政治观念上不是。尼古拉在性格上是德国人，但因为算计，因为形势所迫，他成了俄国人。

官阶表有十四级，各自都有专属的特权。十四级最低。

十四级的地位仅高于农奴，而它唯一的好处就是，它的成员拥有自由人的称号。他们的自由意味着谁要是打了他们，就会遭到告发。反过来，这个阶级的成员必须在自己的门上刻上其登记号，以免有地位比他高的人因为不了解情况而采取会使自己受到惩罚的行动。

十四级的成员包括政府中最底层的工作人员、邮局职员、代理人，以及负责传递或执行部门领导指令的其他下属，它对应于帝国军队下级军官的军衔。它的成员是皇帝的仆人，而农奴谁的仆人也不是，所以他们拥有他们在社会上的尊严感。但要说到人的尊严，那在俄国没人懂。

官阶表中其他的阶级也都对应于同样多的军阶。支配着整个国家的那种官秩，类似于军队的官秩。一级位于金字塔的顶端，现在它只包括一个人，即华沙总督帕斯克维奇元帅。

在官阶表中，个人能不能得到提拔，全看皇帝的意志，因此，在这个人为造成的民族中，一个逐步上升到最高等级的人，即便没有在军中服役，也可以获得军队的第一高位。提拔的恩宠绝不是要来的，而总是用阴谋诡计争取的。

这里有大量正在发酵的材料要由国家首脑去处理。医生们抱怨他们没有办法把热病传染给某些病人，以便治好他们的慢性病。沙皇彼得为了使他的臣民变得更加顺从，为了随心所欲地统治他们，便让他们全都染上了野心的热病。

英国的贵族同样不取决于出身；它取决于两样可以获得的东西，官职和地产。因此，如果说这种实际上比较温和的贵族仍然给王权施加了巨大的影响，那么，当所有这些东西，比如说官阶以及职务和地产，无论是在法律上还是在事实上，全都来自君主的时候，王权的力量该有多大！

这样一种社会组织造成了剧烈的嫉妒的热病，让心灵因为野心总是绷得紧紧的，结果，俄国人会变得除了征服世界之外什么也不会。我总是回到这个说法，因为在这里，只有这种说法可以解释社会要求个人做出的过分的牺牲。如果说极度的野心会使人的心灵干涸，那它同样也会阻塞才智的源泉，把一个民族的判断力引入歧途，诱使它为了胜利而牺牲自由。假如说没有这种想法，不管是公开承认的还是遮遮掩掩的，假如说没有很多人也许是不自觉地听从的这种想法的影响，俄国的历史在我看来就成了无法解释的谜。

这让人想到一个大的问题：作为俄国隐秘的抱负，征服的想法到底是仅仅适合于在一段多多少少较长的时间内，哄骗粗野无知的民众的诱饵呢，还是说，它有朝一日会成为现实？

这个问题不停地困扰着我，尽管我绞尽脑汁，也得不出个结果。我只能说，自从我来到俄国，我对欧洲的未来就有了悲观的看法。同时，我的良知使我不得不承认，一些既有智慧又阅历丰富的人不同意我的看法。这些人说，我想当然地夸大了俄国的力量，每个共同体都有其注定的命运，而这个共同体的命运是向东征服，然后分裂。这些人拒不相信斯拉夫人会拥有辉煌的未来，但同意我说的那个民族秉性温良而开朗。这些人承认斯拉夫人对于如画美天生就多愁善感，承认他们有音乐的天赋，而最终的结论是，这些倾向在某种程度上使他们能够发展美艺术，但不足以构成我认为他们拥有的征服和统帅的能力。这些人还说："俄国人缺乏科学精神；他们从来没有表现出任何创造力；他们的心智天生懒惰而肤浅；如果说他们努力工作，那是因为恐惧而非天性——恐惧让他们习惯于理解并描画出事物的草图，但也让他们不能付出更多的努力；实际上，天才和大无畏的精神一样坚忍，它是靠自由提供养分的，而恐惧和奴隶制则有着像平庸一样有限的影响和范围，它们是平庸的武器。俄国人虽然是好士兵，却不是好水手；总的来说，他们更倾向于顺从而不是反思，更倾向于宗教而不是哲学；他们拥有的服从的本能要多于他们自己的意志；如同他们的灵魂缺乏自由一样，他们的思想缺乏活力。对于他们来说最困难而且是最不自然的任务，就是全神贯注，把想象力集中在有用的练习上。不过，他们在童年时代可能会暂时在军事领域成为征服者，但在思想领域却永远不会。因为一个民族要是不能给那些被他们征服的人教点东西，就不可能长期成为最有力量的民族。

"即使从身体上来说，法国人和英国人也比俄国人强壮。俄国人与其说壮实不如说敏捷，与其说有活力不如说野蛮，与其说有魄力不如说狡诈。他们能忍耐，但缺乏勇敢和坚毅。除了少数精锐军团之外，在检阅期间纪律严明、军容严整、显得非常出色的军队的士兵，在公开场合穿得整整齐齐，可只要到了兵营，就会变得又懒散又邋遢。士兵们面如槁木，饥病交加。在土耳其的两次战役已经充分证明了这个巨人的羸弱。最后一点，一个在出生时就没有尝过自由的滋味，而它自身所有重大的政治危机都是由外来势力引发的、因而从根子上就失去活力的共同体，是不会长久存在的。"

在我看来，这就是政治上乐观的人反对我的担忧的最有力的理由。从中得出的结论是，俄国在当地很强大，与亚洲人斗争时也很可怕，可一旦它摘掉面具，为了维持其傲慢自大的外交关系而开战的时候，就会在欧洲撞得粉碎。

我丝毫没有小看有这种想法的人提出的理由。他们说我夸大了危险。不管怎么说，其他有些和反对我的人一样头脑冷静的人赞成我的看法，而且他们一直责备这些乐观者的盲目，奉劝他们在灾祸变得不可收拾之前要预见到它。

这个巨人近在咫尺，而我觉得很难说服自己，上天的这个造物的目标只是要减少亚洲的野蛮愚昧。在我看来，它的使命主要在于用新的入侵来惩罚腐败的欧洲文明。长期存在的东方的暴政对我们构成持续的威胁，而如果我们的放辟邪侈让我们理应受到惩罚，那我们只好认了。

读者不要指望从我这里得到有关俄国的全面叙述。许多著名的事物我都没有提到，是因为它们没有给我留下深刻的印象。我只希望描述能够触动我或者是让我感兴趣的事物。术语和目录让我对游记产生了厌恶，而且它们已经够多了，用不着我再添点什么。

这里看到的东西没有哪样不是郑重其事地做了准备的。俄国人的好客夹杂了很多繁文缛节，结果，哪怕是最受优待的外邦人，也生活得不愉快。限制旅行家的活动和限制他的言论自由，理由都冠冕堂皇。由于东道主太过客套，观察家要是没有向导，那就什么也不能看。因为根本不能单独行动，观察家很难对其不由自主地得到的印象做出判断，而这就是人们想要的。要想进入俄国，你必须把你发表意见的权利和护照一起放在边境。要是你参观宫殿里的奇珍异宝，他们会给你安排一名内侍，你无论看什么都必须和他在一起，而且不管他夸奖什么，你都得夸奖。要是你参观军营，那就会有一名军官陪着你，有时是将官。如果是医院，作陪的是院长。如果是要塞，那司令官就会亲自领你参观，或者更确切地说，是彬彬有礼地不让你参观。在学校或其他任何公共机构，校长或督学肯定会提前得到你要来参观的消息，结果你就会发现，他已经严阵以待，准备好应对你的检查。如果是一座大建筑，建筑师会亲自领着你参观整个建筑，并向你解释所有你并不太想知道的东西，免得要去告诉你想要知道的东西。

这种东方式的客套让人放弃了很多参观的机会，就为了省得去求人：这是得到的头一桩好处！但是，如果好奇心足够强烈，执意要麻烦官方的大人物，那在参观时至少会受到严密的监视，结果会无果而终。你必须和所谓的公共机构的首脑进行正式的沟通，而你得到的许可只是在合法的当局面前表示赞美。那种赞美是礼貌、谨慎以及俄国人非常看重的感激所要求的。他们不会拒绝你任何事情，但他们会到处陪着你：礼貌成了监视的借口。

他们用这种方式，装作尽主人之谊的样子，专横地对待我们。拥有特权的旅行家的遭遇就是如此。至于那些没有特权的，他们根本就看不到任何东西。这个国家组织得如此严密，若是没有官方人物的直接干预，没有哪个外邦人可以随意地，甚至是安全地走动。从这一切就可以看出伪装成欧式礼貌的东方的习俗和政体。东西方的这种结合乃是俄罗斯帝国最重要的特点，而这种结合的结果随处可见。

繁文缛节永远是半吊子文明的标志，高雅的文明则摒弃了繁文缛节，就像完美的教养消除了做作一样。

俄国人依然相信欺瞒的作用；在一个已经十分了解欺瞒的民族身上，这种幻想让我非常惊讶。这不是因为他们没有悟性，而是因为在统治者尚未认识到自由的好处，甚至是对于他们自身好处的国度，被统治者自然会在真理眼下招来的麻烦面前退缩。这让人不得不马上重申，这里的人们，不论地位高低，就像东罗马帝国的希腊人。

也许我对这些人装作很慷慨的样子给予根本就不出名的外邦人的关照不够感激，但我禁不住通过表面的现象来看问题，结果我很遗憾地发现，他们那么热心，更多是因为内心的不安而不是仁厚。

他们希望，依照莫诺马赫英明的规矩，外国人在离开他们国家的时候应该是心满意足的（作者附释：参见本书前的箴言）。这倒不是因为这个讲究实际的国家在乎别人对它说些或想些什么，而只是因为某些有影响的家族有种幼稚的想法，要在欧洲恢复俄国的声望。

假如再看得远点，我发现，他们之所以想把一切都掩盖起来，纯粹是出于对神秘的爱。在这里，不苟言笑是眼下的通例，正如在巴黎的鲁莽轻率一样。在俄国，所有事情都习惯于保密；不必要的沉默确保了必要的沉默；总之，他们不想公开承认他们讨厌外国人的观察，但是，如果他们不害怕被说野蛮愚昧，那我们要想进入彼得堡就会很困难。

现在就要说到我讨厌俄国人殷勤好客的理由了。在形形色色的约束当中，对我来说最不可忍受的就是我没有权利去抱怨的那种约束。我为在这儿受到的关注而产生的感激，就像是一个士兵，一个强制服役的士兵的感激。作为一个对自己的独立性特别自豪的旅行家，我感到自己在受到羞辱；他们不厌其烦地想要控制我的想法，所以我每天晚上回到住处之后，都仔细地反省，看看我的想法属于什么等级，穿上了什么制服。

因为小心地避免与许多大贵族的关系过于密切，所以到现在为止，除了宫廷，我还什么都没有认认真真地看过。我希望保持独立的、不偏不倚的评判者的地位。我担心招来指责，说我忘恩负义或不怀好意。尤其是，我担心让这个国家的臣民为我具体的意见负责。但是在宫廷里，我已经见识了上流社会的所有特点。

让我印象深刻的首先是装模作样的法式做派，但没有一点法国人交谈时的风度。它掩盖了俄国人尖酸刻薄、冷嘲热讽的性格。如果我在这里多待一些时间，我就会撕掉这些傀儡的假面具，因为我讨厌看到他们模仿法国人的怪相。像我这种年龄的人，从装模作样中已经学不到东西了。只有真相会永远激发人的兴趣，因为它能传授知识。只有真相永远是新的。

我一开始就注意到，下层的俄国人生性多疑，他们因为无知和民族的偏见而憎恶外国人。后来我还注意到，上层的俄国人同样多疑，他们害怕外国人，因为他们相信外国人怀有敌意。"法国人和英国人自以为高人一等"，这就足以使俄国人仇视外国人，因为这跟法国的外省人不信任巴黎人是一个道理。一种野蛮人的羡慕、嫉妒的心理——虽然愚蠢，但不可能消除——影响了大多数俄国人与别的国家人们的交往。

莫斯科大公国人的性格在很多方面都和德国人完全相反。正因如此，俄国人说他们像法国人；但是，相似只是表面的，实质区别很大。如果你愿意，你可以赞美俄国的浮华和东方式的排场，你在那里可以学到希腊人的精明，但你不应当寻找高卢人的天真，以及法国人在正常情况下的合群和友善，虽然我承认，你能在德国人那里找到的善意、健全的理智和诚挚的感情会更少。在俄国，你也许会碰到好脾气，因为只要有人的地方就会碰到，但好禀性根本看不到。

俄国人都是天生的模仿家，因此，他们也是出色的观察家。

这种对于处在幼年的民族来说合适的天赋，常常堕落成卑鄙的间谍体系。它常常提出强人所难的、不礼貌的问题。那些问题让人觉得难以忍受，因为提出问题的人们本身一向就冥顽不化，而他们的回答往往只是遁词。有人会说，在这里，友好本身就与警方达成了某种私下的谅解。对于同自己有关的一切守口如瓶，对于别人的事情却刨根问底，要和这种人轻松相处，那怎么可能？在和他们交往的时候，如果他们看到你的举止比他们的还自然，他们会以为你上了他们的当。因此，一定要让他们看出你没有戒备，一定要让他们觉得你信任他们，因为对于自身没有感情的人来说，观察别人的情绪是一种消遣，而我，比如说，就不喜欢给人这种消遣的机会。观察我们的生活方式是俄国人最大的乐趣；如果我们允许，他们会很开心地设法读懂我们的心灵并分析我们的情感，就像人们在剧院研究戏剧表演一样。

这里的所有阶级都表现出的那种极端的不信任——不管你和他们有什么交往——警告你要小心；你激起的恐惧暴露出你所冒的危险。

前几天在彼得霍夫，有个饮食店老板要我的仆人必须得先付钱，才能把非常差的晚餐拿到我的演员包厢，虽然这个谨慎的人的店铺距离剧院才两步远。你一只手把东西送进嘴里，另一只手必须付账。假如你打算给一个商人佣金但又没有事先把钱付给他，他会以为你是开玩笑，因而不会帮你做事。

在没有把自己的意图事先告知所有的债主之前，没有人可以离开俄国，也就是说，他要在报纸上间隔八天，连续三次公开声明他要离开。

这项规定是严格执行的，除非你至少花钱让警方缩短规定的时间，而且即便如此，你也必须广告一两次。要是没有当局的证明文书说你不欠任何债务，无论是谁都不会得到驿马。

如此谨慎，说明在这个国家存在欺诈。俄国人与外国人的私人交往到现在为止还很少，所以他们肯定只是从自己人那里吸取了必须保持谨慎的教训。

他们的经验不过是他们对彼此的态度所能教给他们的。这些人让我们想起了他们最喜爱的君主彼得大帝说过的话："三个犹太人才能骗得了一个俄国人。"

在这个国度每走一步，你都可以看到研究十字军东征的历史学家描写过的，以及拿破仑皇帝在亚历山大皇帝身上发现的那种君士坦丁堡的政治。说到亚历山大皇帝的时候，拿破仑皇帝经常说："他是东罗马帝国的希腊人。"奠基者和导师无一例外都是骑士精神的死敌，对于这样的人民，要尽可能避免和他们打交道。这样的人民只在乎自己的利益，不在乎自己的承诺。到现在为止，我在整个俄罗斯帝国只发现一个人对我是诚心诚意的，而那个人，我很乐意再说一遍，就是皇帝。

我承认，对于专制君主来说，直言不讳无需付出他的臣民所付出的那么大代价。因为沙皇的直言不讳是权威性的表现。绝对君主如果还吹嘘讨好、支吾搪塞，那就必须退位了。

但是，在这一点上，有多少人没有忘了他们的力量和尊严！卑劣的心灵对于自身的看法根本无法摆脱谎言的影响，所以，哪怕是大权在握的统治者，我们都要赞美他的真诚。尼古拉皇帝既坦率又礼貌。在他的身上，这两种在庶民身上根本不能同时具备的品质，彼此发生了奇妙的作用和反作用。

在贵族当中，那些举止的确很有礼貌的人，把礼貌表现得淋漓尽致。这方面的证据在巴黎等地每天都可以看到，但是，俄国人在客厅里还没有做到真正的礼貌，也就是说，轻松自如地表现出真正温良的性格。他们内心粗鄙，而语言和举止的做作让这种粗鄙倍加丑陋。如此缺乏教养却又消息灵通、衣着得体、聪明自信的俄国人，迈着优雅的欧洲人的步子，却不懂得，除非是当拥有高雅习惯的人心中存有某种更好的东西，否则那种高雅的习惯便毫无价值。这些跟着时尚亦步亦趋的人混淆了表象与实质，就像受过训练的熊，看到它们我就为野生的熊感到遗憾：他们还没有变成有教养的人，虽然他们是被损害的野蛮人。

因为有西伯利亚这么个地方，因为它适合那种众所周知的用途，我可以希望那里会住满爱挑剔的年轻的军官和刚强的女士："如果你们想要巴黎的护照，那你们会得到托博尔斯克的护照！"

我会用这种方式建议皇帝控制住旅行热，它目前正在俄国蔓延，在富有想象力的海军中尉和爱幻想的女士当中蔓延。

同时，假如他想让莫斯科重新成为帝国的中心，他就要弥补彼得造成的祸害，如果说一个人可以补偿几代人所犯的错误的话。

准确来说，建造彼得堡这座城市是为了抵抗瑞典，而不是为了俄国；它只应该成为港口，成为俄国的但泽。彼得一世不这么想，他把它变成了包厢，他的那些被拴上锁链的波雅尔可以从那里用嫉妒的眼光凝望舞台上正在上演的欧洲文明，他在强迫他们模仿的同时却又禁止他们赶超的欧洲文明！

在彼得大帝的所有工作中，他做事一点也不考虑人道、时间和自然。我们越是仔细地观察俄国，就越是坚信，那位君主在国内外被捧得太高了。要是他真的像人们说的那样优秀，他就会意识到并避开他驱使自己臣民走上的错误道路，他就会预见到并憎恶他迫使他们长期所处的思想轻浮、收获浅薄的状态。

伟大的人物在建设未来时并不毁灭过去；相反，他们利用过去，哪怕是为了改变它的结果。俄国人非但不应该继续神化阻挠他们实现自身天赋的人，反而应该责备他，正是因为他，他们才变得毫无特色。（作者附释：除造假的技艺之外，俄国人在所有方面都很浅薄。）

那位做了皇帝的传教士曾短暂地制服过自然，因为他有力量那么做；但他的力量仅限于此。如果他在历史上真的像他迷信的臣民和夸大其词的作家所说的那样，那他的做法会是多么不同！他会等待，并且会因为那种耐心而配得上被称为伟大，但他宁可先得到伟大的称号，让自己在还活着的时候就被宣布为圣徒。

他的所有想法，以及由此产生的性格缺陷，在后来各个君主在位期间扩散开来，而且愈演愈烈。尼古拉皇帝是第一个通过唤醒俄国人来努力遏制这股潮流的人；当世人意识到在构思这样一项艰巨的计划时所抱有的那种坚毅的精神，他们对于该计划就会肃然起敬。经过叶卡捷琳娜和保罗等人的统治之后，要让亚历山大皇帝留下的俄国变成真正的俄国人的帝国，讲俄语，像俄国人一样思考，坦率地承认自己是俄国人——虽然这种做法流行于作为北方的塞米勒米斯宠臣后代的那些贵族的宫廷中——是件真正需要勇气的事情。不论结果如何，它都会给想出这项计划的人带来荣耀。

的确，沙皇的廷臣没有任何得到承认的或者有保证的权利；但是，凭借这个国家由来已久的传统习俗，他们在对抗君主方面仍然十分强大。直言不讳地指责这些人的虚伪，并在已经够长的统治过程中像对付叛兵一样勇敢地指责这些假惺惺的拥护者，确实是非常优秀的君主才能做到的事情。一方面是与愤怒的奴隶，另一方面是与跋扈的廷臣，君主这种双重的斗争，场面煞是精彩。尼古拉皇帝兑现了他登上皇位那天的承诺，这一点很能说明问题，因为没有哪位君主继位时的形势比他严峻，也从来没有谁在面对迫在眉睫的危险时表现得比他有力和英勇！

12 月 13 日的叛乱之后，费罗奈先生惊叹："我看到了开明的彼得大帝！"这话切中要害，因为它说的是实情。想到这位君主在自己的宫廷中凭借顽强的然而又是默默的、不事张扬的毅力，形成了他的民族复兴的思想，人们更有理由惊叹："我看到彼得大帝来弥补盲目的彼得的错误了。"[1]

在尽量用不偏不倚的眼光对现任皇帝做出判断的时候，我发现在他身上有太多值得夸奖的东西，以至于我容不得听到任何妨碍我赞美的声音。

君王就像雕像，人们在打量他们时非常仔细；他们身上哪怕是微不足道的瑕疵都会受到批评和放大，而非常难得的、真正的优点却被忘记了。但是，我越是赞美尼古拉

---

1 这是在夸赞尼古拉一世，觉得他才配得上"大帝"称号（Peter the Great），而彼得一世只可称为"盲目的"（Peter the Blind）。

皇帝，就越是有可能被认为对沙皇彼得不公平。不过，我很欣赏要在一片沼泽中竖起一座城市所需要的毅力，那里的一年有八个月天寒地冻，可是，每当我的目光碰巧落在因为彼得及其继任者对于古典建筑的狂热而给俄国带来的拙劣的仿制品上，我的判断力和趣味所受的打击就会让我把通过理性思考得到的东西抛到九霄云外。苍穹下给芬兰人用作兵营的仿古宫殿、柱子、檐口、山花和罗马柱，以及所有这些每年都要用纯白的灰泥粉刷一新的东西——必须承认，如此拙劣的建筑，模仿希腊和意大利，只是少了大理石和太阳，刚好重新激起我的怒火。另外，我会心甘情愿地放弃不偏不倚的旅行家的头衔，因为我相信自己还有权利那样做。

虽有被送去西伯利亚的危险，我依然要重申，在建造建筑物时缺乏实际的判断力，在细节上不够完美与和谐，这是不可容忍的。在建筑领域，天赋的目标是要找到能让大建筑符合特定用途的最简洁、最简单的办法。那么，一年中有九个月，要是密封的窗户不装上双层玻璃就无法居住，在这片土地上堆积了那么多壁柱、拱廊和柱廊的人，天赋在哪里？在彼得堡，人们应该走在护墙下，而不是稀疏、漏风的柱廊下。拱廊应该是他们的门厅。上天是他们的敌人，所以他们要把它遮住。太阳不愿把阳光赐给他们，他们的生活要靠火炬的亮光。有了意大利建筑之后，他们提出了好气候的要求，而这只会使夏季的暴风雨更加难以忍受，更不用说漫长的冬季，在宏伟的柱廊下刺骨的寒风。彼得堡的码头是欧洲最好的建筑之一。为什么？说它们好是因为它们结实。代替大地作为地基的是巨大的花岗岩石块！经久耐用的大理石抵御了严寒的破坏力！……这些东西显而易见让我联想到力量和伟大。涅瓦河边壮观的矮墙对于彼得堡来说，既是保护，又是装饰。土质让我们失望，所以我们要用岩石铺成路面，来支撑我们的首都。十万人为此丧命，不过这没有关系，我们现在有了一座欧式的城市，有了一个伟大民族的名声。在这里，继续谴责掌握了这么大荣耀的那种不人道的同时，我也表示赞美，尽管带着遗憾。我还赞美可以在冬宫前面得到的几个不同的视角。

虽然城里最大的建筑群在一片确切来说是平原而非广场的空间中毫不起眼，这座宫殿还是颇为壮观的。摄政时期的建筑风格富丽堂皇，而用来建造它的石材带有淡红色，眼睛看上去不太舒服。亚历山大柱、凯旋门、海军部大楼、巨石上的彼得大帝像、大臣官署（那么多宫殿式的建筑），最后还有面朝涅瓦河上三座桥梁之一的令人惊叹的圣以撒教堂，这些稀稀拉拉地分散在同一座广场周围的东西，都不美丽，却大得惊人。广场叫宫殿广场，实际上是由三座巨大的广场组成的，它们分别是彼得洛夫斯基广场、伊萨克斯基广场和冬宫广场。我发现那里有很多可以批评的，但总的来说，我很欣赏这些大建筑，尽管它们在本应使之生色的空间中并不引人注意。

我登上了圣以撒教堂的黄铜顶塔。这是世界上最高的圆顶之一，它的脚手架本身就是非常庞大的建筑。教堂还没有完工，我无法知道它的整体效果。

从教堂顶端可以俯瞰圣彼得堡，它的平坦、单调的郊区，它的浮华但乏味的艺术奇迹——这让我厌恶人为的奇观，同时我希望它可以成为一个教训，让那些君主在为都城选址时不要再小觑大自然。各民族决不会犯下这样的错误；这些错误通常是由君主的自负造成的。君主对奉承话信以为真，以为自己真的赋有创造的力量。君主们最不担心的就是成为自己虚荣心的傀儡。除了自己，他们不相信任何人。

我参观了几座教堂。三一教堂很美，但是，就如同我在这里看到的几乎所有的希腊教堂一样，里面空荡荡的。为了弥补这个缺点，圆顶的外面涂成了天蓝色，并且点缀着金灿灿的星星。亚历山大建造的喀山大教堂又大又漂亮，但它的入口是在这座建筑的一个角落。这是出于对教规的尊重，因为它规定，希腊教堂的祭坛必须始终朝着东方。由于街道的走向，要是不把教堂斜过来，就没有办法符合这条规定，于是教堂就斜了过来。趣味高尚的人吃了亏，信徒们赢了，俄国最漂亮的一座建筑被迷信糟蹋了。

斯莫尔尼教堂是彼得堡最大、最宏伟的。它属于某个宗教团体，即安娜女皇成立的妇女会分会。几座庞大的建筑成了这些女士的住所。这座高贵的庇护所，连同它的几座修道院，本身就是一座城，但它的建筑更适合军事机关而不是宗教会众。它既不像修道院，也不像宫殿。它是给妇女住的兵营。

在俄国，什么都军事化，就连斯莫尔尼妇女会也是用军纪管束的。

在那幢建筑附近，可以看到矮小的塔夫利达宫，是波将金在几周之内为叶卡捷琳娜修建的。这座宫殿很精美，但是被废弃了；而在这个国家，被废弃的很快就会坏掉。哪怕是石头建筑，除非是得到维护，否则也长不了。冬季花园占据了建筑的一侧。那是一个很大的温室，现在这个季节是空的，而我相信，它四季都疏于照料。枝形吊灯以及其他能看得出来很考究的陈设，说明以前在那里举办过舞会和晚宴。那些陈设古老是古老，但只有时间才能在真正的古董上面留下的高贵的痕迹。我估计，塔夫利达宫上次举办舞会还是在米哈伊尔大公和叶莲娜大公夫人的婚礼上，那或许会是它的最后一次舞会。

角落里有一尊美第奇的维纳斯，据说是真的古董。众所周知，这尊雕像的原型经常被罗马人复制。

雕像有一个基座，上面有如下的俄文铭文：

> 教宗克莱门特十一世赠送给
> 彼得一世皇帝的礼物
> 1717—1719

一尊裸体的维纳斯，由教宗送给一个支持教会分裂的君主，这肯定是独一无二的礼物。沙皇把俄罗斯教会的权利篡夺得一干二净，处心积虑地要让分裂永久化。他对于这样一份证明罗马主教善意的礼物，肯定会觉得好笑。

我还看了艾尔米塔什的绘画，但我现在不便描述它们，因为我明天要去莫斯科。艾尔米塔什！君主的别墅用这个名字好不奇怪[1]，别墅在首都，而且靠近皇宫！过街天桥把两处居所连接起来。

全世界都知道这里有一些杰作，尤其是荷兰画派的。但我不喜欢在俄国欣赏绘画，就像不喜欢在伦敦欣赏音乐一样，那里的人们哪怕是听最有天赋的演奏家和最优秀的

---

1 艾尔米塔什（Hermitage）这个词的原义是指隐士（hermit）的独居之所，所以作者觉得皇帝的别墅取这个名字十分奇怪。

作品，那样子也会让我对艺术感到厌恶。

离地极这么近，光线不太适合看画。没人能用眼睛欣赏到色彩那令人惊叹的细微差别。那种差别要么因为有雪而变得微弱，要么因为一直是斜射的光线而显得眩目。伦勃朗厅毫无疑问是令人赞叹的，不过，我更喜欢我在巴黎和别的地方看到的那位大师的作品。

值得一提的还有克洛德·洛兰和普桑的作品，以及一些意大利的大师，尤其是曼特尼亚、乔瓦尼·贝利尼和萨尔瓦托·罗萨的作品。

收藏的缺点在于，必须忘掉大量低劣的画作，才能去欣赏杰作。在成立艾尔米塔什陈列馆的时候，他们搜集了很多作品，上面有大师的签名，可真正属于那些大师的作品很少。十分普通的画作，加了这些铺张的仪式，只会让鉴赏家讨厌而不会骗过他。在一批收藏的艺术品中，美的东西在一起会衬托出美，低劣的东西在一起则损害了美。感到厌烦的鉴赏家是没有能力做出判断的，因为厌烦会让他变得苛刻和不公正。

如果说艾尔米塔什的伦勃朗和克洛德·洛兰的作品效果还行，那是因为在摆放它们的两个大厅里，附近没有其他画作。

这些藏品很好，但是在一座很少有人能欣赏它们的城市，好像有点浪费。

一种难以名状的忧伤笼罩着这座宫殿，它在那个用她的存在和思想使之充满活力的人去世之后便改成了博物馆。没有谁比至高无上的女皇更清楚亲切友好而又无拘无束的生活和交谈的价值。她不想陷入自己的地位注定要使自己陷入的孤家寡人的境地，因此，哪怕是在她独断专行的在位期间，她也掌握了用亲切友好的方式与人交谈的窍门。

现存的叶卡捷琳娜女皇最出色的一幅肖像，就在艾尔米塔什的一座大厅里。我还注意到有勒布伦夫人[1]所绘保罗一世的妻子玛丽皇后的一幅肖像。有幅画也是这位画家画的，是画在一面盾牌上的守护神。那是她最好的作品之一，它的色彩经受住了时间和气候的考验，为法国画派争了光。

在一座大厅的入口，我在绿色的帷幕后面发现了艾尔米塔什的社交规则，是针对那些得到女皇允许，进入帝王自由的庇护所的亲密朋友的。

我会逐字翻译这份由一个曾经充满魅力的地方的君主，突发奇想给社交中的亲密行为颁发的特许状。特许状是当着我的面为我抄录的：

---

1 勒布伦夫人（Madame Le Brun, 1755—1842），法国画家。

进入时必须遵守的规则

第一条　进入时，就像帽子和佩剑要放下一样，头衔和地位也须放下。

第二条　建立在与生俱来的特权基础上的虚荣、自负或其他类似的心理也须在门口放下。

第三条　要快乐，不过，不要打碎和损坏东西。

第四条　可以坐，可以站，可以走动，一切随意，不用在意任何人。

第五条　说话要温和，同时不要絮叨，以免惹人讨厌。

第六条　争论时不要动怒，不要生气。

第七条　严禁叹气和打哈欠，不要传播无聊的情绪，不要成为任何人的负担。

第八条　聚会中无论何人提出的无害的游戏，其他人都必须接受。

第九条　吃得要慢，而且要津津有味；饮酒须有度，出门时要步履平稳。

第十条　要把所有的争吵搁在门口；在迈过艾尔米塔什的门槛之前，一只耳朵听到的，必须从另一只耳朵出去。如有人违反上述规则，以两人为证，每犯过一次，须罚水一杯（女士亦不例外），而且必须朗读一页"忒勒玛科斯之歌"（弗雷迪阿科夫斯基的诗）。若是有谁一个晚上违反了三条规定，须记住六行"忒勒玛科斯之歌"。违反第十条的人不许再进入艾尔米塔什。

在读到上述内容之前，我以为叶卡捷琳娜女皇的头脑是比较活跃和尖锐的。难道这只是玩笑？如果是，那这个玩笑就比较差劲了，因为最短的笑话才是最好的笑话。这么费心去维护这些条文，好像它们很重要似的，这和他们缺乏高雅的趣味一样让我觉得意外。

在读到这份社交法典时让我感到好笑的，主要是把弗雷迪阿科夫斯基的诗派上了用场。因为君主而变得不朽的诗人是要倒霉的！

我明天去莫斯科。

Lettre vingtième

第二十封信

彼得堡，8月2日

陆军大臣·托词·施吕瑟尔堡要塞·繁文缛节·令人厌烦的礼貌·幻
觉·西伯利亚的科策比·宪兵·彼得堡的工厂·俄国农民的房子·俄
国的小酒馆·邋遢的人们·村妇·路况很差·工程师和他的妻子·施
吕瑟尔堡的水闸·连接里海和波罗的海的水道·涅瓦河的源头·彼
得堡被淹没·施吕瑟尔堡要塞内部·伊凡的坟墓·司令官的愤怒·政
治犯·与俄国中产阶级共进晚餐·天生尖刻的民众·有礼貌的交谈·让
利斯夫人·被禁止的法国现代文学作品·一道具有民族特色的菜·上
层阶级与中产阶级在举止方面的区别·返回彼得堡

　　彼得霍夫庆典那天我问过陆军大臣，我怎样才能得到
允许，参观施吕瑟尔堡[1]要塞。

　　这个严肃的人是切尔内绍夫伯爵。这位杰出的侍从武
官，亚历山大派驻拿破仑宫廷的优雅的使者，现在成了一
个沉着镇定的重要人物，帝国中最活跃的大臣之一。他每
天上午都和皇帝一起处理事务。他答复说："我会把您的

1　出于历史原因，该地有不同的名称，德文名为施吕瑟尔堡
（Schlüsselburg），俄文名为什利谢利堡（Shlisselburg）。

愿望转达给陛下。"这种谨慎的语气，加上惊讶的样子，让我觉得他话里有话。我原本以为我的请求很简单，可在这位大臣眼里却显然很重要。想要参观一座因为在伊丽莎白女皇在位期间，伊凡六世曾经被关押并死在那里，从而在历史上出了名的要塞，这个要求非常唐突。我意识到自己触及了一个敏感的话题，于是便不再多言。

这以后又过了几天，也就是在前天，我正准备去莫斯科，这时收到陆军大臣的来信，说可以参观施吕瑟尔堡的水闸！

被彼得一世称为波罗的海门户的这座古代瑞典人的要塞，正好位于涅瓦河的源头，在拉多加湖的一座岛上，而涅瓦河则成了拉多加湖天然的运河，可以把拉多加湖多余的湖水排入芬兰湾。不过，涅瓦河这条运河接受的水量非常充沛，那些水被认为是涅瓦河唯一的来源，而且水会一直涨到位于运河与拉多加湖之间的施吕瑟尔堡要塞的围墙下面。春天是俄国最为突出的自然奇观之一。周围的景色虽然像这个地区的其他地方一样非常单调，但在彼得堡郊区却是最有趣的。

由于运河建有水闸，船只避免了春天引发的危险。它们在到达涅瓦河源头之前就离开了拉多加湖，并在下游大约半里格远的地方驶进涅瓦河。

这就是我获准察看的那项有趣的工程。

我原本要求到国家监狱看看，但得到的许可却是参观防洪闸。

陆军大臣在信的末尾告诉我，侍从武官，也就是帝国的道路总监，已经接到命令，为我的这次行程提供一切便利。

便利！天哪！我的好奇心给自己招来了多大的麻烦，他们用这么多的繁文缛节给我好好地上了一课，让我以后做事要谨慎一点！命令已经下了，沿途要关照我，如果我不领情，那会让人说我忘恩负义。但是，像俄国人那样详细地察看水闸，连施吕瑟尔堡的城堡都不看，那是眼睁睁地掉进陷阱，损失一天时间。这个损失很严重，因为在这个季节已经有点晚了，如果说我想在俄国看到所有我想看的东西，同时又不在那里过冬的话。

我说的是实情。读者自会得出结论。他们这里到现在还不敢随便谈论伊丽莎白在位期间的种种恶行。任何事情，只要会引起对于现政权的合法性的反思，就会被视为大逆不道。所以之前才必须把我的请求呈送皇帝。他对它既不会同意，也不会直接拒绝，于是就作了变通，允许我欣赏一下我根本没打算参观的一处工业奇迹。这个许可从皇帝传给大臣，又从大臣传给总监，再从总监传给总工程师，最后传给了奉命陪同我的一名下级官员，由他担任我的向导，并在整个行程中负责我的安全——这样的恩宠毋宁说让人联想到土耳其为了对外国人表示优待而给他们安排的扈从。这种保护很像是一种不信任的标志，既让我受宠若惊，也让我不胜其烦。我把大臣的信揉作一团，觉得在特拉夫蒙德汽船上遇到的那位公爵的话很有道理，几乎要和他一起大喊："俄国这个地方到处是没用的繁文缛节！"

我继续去找兼任总监的侍从武官等人，要求执行最高指示。总监不在家，要我明天再去。我不想再浪费一天，因此执意不走，结果有人让我晚上再去。到了晚上，我像平常一样受到很有礼貌的接待，在拜访了一刻钟之后被打发走，拿到了必须有的给施吕瑟尔堡工程师的命令，但没有给城堡司令的命令。陪我去接待室的时候，总监承诺说明天早晨四点，会有一名下级军官在我的门口。

我睡不着。心里一直有一种似乎非常愚蠢的想法，觉得我的护卫会变成我的看守。假如这个人没有把我领到离彼得堡十八里格的施吕瑟尔堡，而是在出城之后出示命令要把我送去西伯利亚，让我在那儿为我惹事生非的好奇心抵罪，我该说什么或做什么？首先，服从命令是必须的；然后，假如我什么时候到了托博尔斯克，我会要求……彬彬有礼的表现绝不能消除我的疑虑，相反，我忘不了亚历山大的微笑和对他的一个大臣说的好话，而那个大臣在皇帝的会议室门口就被宪兵抓了起来，并直接从宫中送去了西伯利亚。

联想到许多诸如此类被判刑和处决的例子，我的预感不是没有道理，这让人心烦意乱。

身为外国人也不保险。我想起了科策布[1]被抓的事。本世纪初他也是被宪兵抓走的，和我的情况差不多（因为我已经感到好像在路上了），从彼得堡送到了托博尔斯克。科策布犯的是什么罪？他让自己成了令人害怕的人，因为他公开了自己的看法，因为人们认为他的看法对于俄国既定的秩序不是全都有利。现在，谁能保证我没有受到同样的指责或同样的怀疑？有怀疑就够了。要是在这里我有一点点惹人生气了，我能指望他们会对我比对其他人更加关照吗？再者，我还受到密探的监视——所有外国人都是。所以，他们知道我在写东西并且小心地把写的东西藏了起来；他们也许好奇，想要知道这些东西写的是什么。

前天晚上我就这样胡思乱想了整整一夜，而昨天我在参观施吕瑟尔堡要塞的时候虽然没出什么事，但他们不会

---

1 奥古斯特·冯·科策布（August von Kotzebue，1761—1819），出生于魏玛的德意志剧作家，曾为俄国服务多年，这里提到的被抓一事是指科策布在 1800 年重返圣彼得堡时，因被怀疑为雅各宾分子而被逮捕并押送至西伯利亚的托博尔斯克，但他在沙皇保罗一世的庇护下很快就被释放并得到重用。

那么完全不合情理，竟然让我觉得剩下的旅程完全没有危险。我常常对自己说，俄国的警察谨慎、开明、消息灵通，除非他们认为必要，否则不会采取政变的办法，还说要是以为我的话会让统治这个帝国的人们感到不安，那是高估了我这个人和我说的话。不过，这些以及其他许多能让人宽心的理由，与其说充分，不如说似是而非。经验证明那些大权在握的人做事注重细节，这一点简直是太清楚了。对于想要隐瞒自己是靠恐惧来统治的人来说，什么事情都很重要，而且不管是谁，要依靠舆论，就不能小觑任何有独立思想的作家的意见。一个靠保持神秘才能够存在的政府，一个靠虚张声势才有力量的政府，对什么都感到害怕，因为在它看来所有事情的后果都很严重。总之，我的话看似夸张，但它符合我的思考，以及我对于过去发生过的事情的记忆。它们让我相信，我在这里冒着某种危险。

如果说我把这些焦虑说得有点重，那只是因为它们揭示了这个国家的状况。至于我自己的担心，一旦必须行动，它们就烟消云散了。不眠之夜的幻影没有跟着我上路，因为我在行动上比思想上大胆。对我来说，思考比劲头十足的行动更困难。就像静下来会引起我内心的怀疑一样，行动能给予我勇气。

昨天早晨五点，我坐着四匹马并排拉着的折篷轻便马车出发了。俄国的马车夫每当要去乡下，就会采用这种古老的赶车方式，那样就可以展示大胆敏捷的身手。我的宪兵坐在我前面车夫的旁边。我们快速穿过圣彼得堡，不久便把相当一部分城区抛在了后面，接着又穿过工厂区，其中有宏伟的玻璃厂以及巨大的加工棉花和其他织物的纺织厂，大多由英国人管理。这部分城区就像殖民地。因为这里对人的评价只看他在政府的地位，我的马车上坐着宪兵起了很好的作用。作为最高等级的保护措施的标志，它让我在车夫的眼中成了大人物，而我在彼得堡期间一直都是他赶的车。他为自己主人被隐瞒了太长时间的尊贵身份感到骄傲。他的眼神流露出此前从未有过的敬意，似乎是希望把他心中至今为止因为不了解情况而没有给我的敬意全都还给我。

行人以及大车和四轮敞篷马车的车夫，全都因为我的下级军官的神秘影响力而毕恭毕敬。他只需要稍稍动一下手指，就可以让路上的障碍物像魔法一样全部消失。可以说，人群在他面前就跟不存在似的。我不由得想到，他有这么大的力量保护我，如果他接到命令要毁掉我，那他的那种力量会有多大。进入这个国家时的困难与其说让我恐惧，不如说让我厌烦；逃离它的困难会更加可怕。人们说，"要进入俄罗斯，门是宽敞的，要离开它，门就变窄了"。

在我的士兵的保护下，我沿着河岸向前疾驰。透过桦树林不时看到的河流，这儿那儿露出的繁忙的工厂，以及用木头建成的小村庄，让风景充满了生气，让这条道路不像我之前在俄国走过的那些道路一样单调乏味。这倒不是因为景色像通常所说的那样美如画，而只是说，它和城市的另一边相比不那么荒凉。此外，我偏好忧郁的风景；风景中总有某种伟大的、引人遐想的东西。至于诗意，我更喜欢涅瓦河的河边，而不是蒙马特高地与圣但尼之间的平原，或者博斯以及布里地区富饶的麦田。[1]

有几个村庄的外表让我很是意外。它们看起来好像比较富裕，甚至带有某种纯朴的优雅，非常讨人喜欢。整洁的木屋排成一排，成了唯一的街道。它们上过油漆，屋顶带有装饰。如果把这些小型建筑外表的花哨与内部的简陋肮脏作个对比，那就会觉得屋顶的装饰带有点炫耀的意思。看到一个对于必需品还不了解的民族却热衷于非必需品，不免让人感到遗憾。此外，如果看得再仔细一点，那就可以发现，这些房子建造的质量比较差。

总是同样热衷于能让眼睛看着舒服的东西！农民和地主更喜欢装饰道路而不是把自己住的房子里面弄得漂亮一

1　蒙马特（Montmartre）在巴黎市区，圣但尼（Saint-Denis）在巴黎北郊，博斯（Beauce）和布里（Brie）都在法国北部。

点。在这里，能够激起别人的赞美，或许还有羡慕，他们就心满意足了。但乐趣，真正的乐趣在哪里？要回答这个问题，俄国人自己都会觉得困惑。

在俄国，富裕滋生虚荣。我只喜欢那种一点也不炫耀的华贵，所以，对于这里他们想让我赞美的东西我都很挑剔。裱糊匠的民族只会引起我的担心，担心成为他们愚弄的对象。进了他们做戏的剧场，我只有一个愿望，那就是看一看幕后——我一直想把帷幕的角落掀起来。我来是要看看一个国家，结果看到的只是戏院。

我在离彼得堡十里格远的地方预定了一组替换的马。四匹马，已经上好挽具，在一个村子等着我。我在那里发现有一种俄式的西班牙乡村小酒馆。我进去了。那是我第一次在农民自己的屋里看到他们。

入口处的大堂是座用木头造的很大的棚屋，三面墙都是木板的，地面、天花板也是木板的。棚屋占据了这栋乡村住宅的大部。那里面是通风的，但我还是发现有股很浓的洋葱、卷心菜和油腻的旧皮子的气味。俄国的村庄和村民总是有股那样的气味。

木桩上拴了一匹非常漂亮的牡马，有几个人正在专心做着一件费劲的事情——给它钉马掌。有人告诉我，这匹漂亮但脾气有点大的马是附近一个地主的种马场的。有八个人正在努力控制住它，那几个人的身材、服装和容貌都很出众。不过，靠近首都的几个省份的居民长得都不漂亮，他们甚至不是俄罗斯人，而是混杂了大量和拉普兰人很像的芬兰人的血统。

他们告诉我，我会在帝国内地找到和希腊雕像一模一样的人，其实我在彼得堡已经见过几个，那里的贵族常常是由他们遥远的领地上出身的人侍候的。

这座很大的棚屋连着一个低矮、狭窄的房间，那个房间有点像内河船只的船舱。墙壁、天花板、地板、凳子、桌子都是木头的，做工很粗糙。卷心菜和松脂的气味非常浓。

在这个门很矮，窗户又非常小，因而几乎享受不到空气和阳光的僻静的房间里，我看到有个老妪在忙着给四五个留着胡须的农民沏茶倒水，那几个农民穿着羊毛内翻的羊皮大衣，因为过去几天的天气已经相当冷了。（作者附释：这才8月1日。）这些人身材矮小。他们的皮大衣相当精致，但气味非常难闻——除了贵族身上的香气，我不知道还有什么比这更难闻了。桌上放着一把黄澄澄的铜水壶和一把茶壶。茶总归是精心烹制的好茶，而要是不喜欢单纯喝茶，好牛奶也到处都有。这种在谷仓里——我说谷仓是出于礼貌——提供的考究的饮料，让我想起了西班牙的巧克力。它是旅行家在这两国人民当中每走一步都会有深刻印象的许多明显的差异之一。这两国人民同样地独特，虽然他们也有很多方面就像他们那里的气候一样不同。

我常说，俄国人对于如画美感觉很敏锐：在这家俄国农舍的内部，在我周围成群的人和牲口当中，要是有画家在，那他就可以找到一些题材，画上几幅迷人的画。

农民的红色或蓝色衬衫把纽扣的位置放在锁骨上面，腰上束了腰带，腰带以上有古式的褶皱，腰带以下就像开襟的长外衣，垂在马裤上。波斯长袍常常敞着，在人们不干活的时候，就松松垮垮地套在这种衬衫外面。头发留得很长，并在前额处分开，但在脑后相当高的地方却一直剃到发根，为的是露出充满力量的脖子——这岂不是一幅具有原创性的优美的画卷？俄国农民充满野性但又很温柔的表情也很优美。他们优雅的体形，他们的敏捷，他们宽阔的肩膀，他们嘴上挂着的甜美的微笑，在他们狂野而忧郁的神情中，可以看得出温柔与凶残兼而有之，使得他们的外表总体来说不同于我们的劳动者，这就如他们耕种的土地不同于欧洲其他地方的土地一样。对于外邦人来说，这里的一切都很新鲜。当地人拥有某种可以感觉到却难以言传的魅力——与北方民族罗曼蒂克的幻想结合在一起的东方式的慵懒；而且这一切都是以某种缺乏教养却高贵的形式表现出来的，这种形式使它具有一个优点，即那属于原始的天赋。这些人在人内心里激起的与其说是信任，不如说是兴趣。俄国的普通阶层是些有趣的无赖。如果他们没有受到欺骗，他们也许很容易领导，可一旦他们看出他们的主人或他们主人的代理人比他们自己还喜欢撒谎，他们就会堕入最低贱的虚伪卑鄙的深渊。想要教化一个民族，他们自己必须拥有优秀的品质。农奴的野蛮愚昧，原因在于贵族的腐化。

对于我的判断中带有的愤怒感到吃惊的读者，如果听说我表达的只是普遍的看法，会感到更加吃惊。唯一的区别在于，我把这里大家都小心翼翼地加以隐瞒的东西，公开地说了出来。谁都不会惊讶他们的那种小心翼翼，如果人们像我一样看到，除了很多其他品德之外，这种品德对于生活在俄国的那些人来说多么必要的话。

肮脏在这个国家非常突出，但是，与个人的肮脏相比，更让我吃惊的是住宅和衣着的肮脏。俄国人非常在意他们的身体。真的，他们的蒸气浴在我们看来令人作呕，我自己宁可接触干净的水。不过，水蒸气可以清洁身体并让身体变得强壮，尽管它会让皮肤过早起皱。由于用了蒸气浴，经常可以看到农民的胡子和头发干干净净，而他们的衣服却不是那样。保暖的衣服费钱，所以必须穿很长时间；至于住的地方，他们考虑的只是如何防寒，必然不能像南方人那样保持通风。俄国人一年中有九个月不能享受到纯净的空气，因此，他们的肮脏更准确地来说是因为气候，而不是因为疏懒。

在有些地区，工人戴的是一种蓝布帽子，鼓鼓囊囊的像气球一样。他们还有其他几种头饰，都很好看，和巴黎郊区下层民众中可以见到的那种疏懒而轻佻做作的样子比起来，显得很有趣味。

他们不戴帽子干活的时候，因为嫌长发碍事，就用某种头箍，或者用丝带做成的发带，或者用灯心草等简单的材料做成的花环把头发束好。那些头箍、发带或者花环总是扎得很仔细，戴在年轻人的头上看上去很漂亮。因为这个种族的男人一般都有着健硕的身材和椭圆形的脑袋，所以他们在劳动时头上戴的东西就成了装饰。可是，对于女人我该怎么说呢？到现在为止，我见过的女人在我看来都让人讨厌。这次出来我原本希望能遇上几个美丽的村妇，可这里跟彼得堡一样，她们都长得又矮又胖。她们在胸部往上一点点齐肩的地方束住身体，而胸部却在裙子下面不受任何约束。太难看了！除了这种心甘情愿的畸形，还有男人的大靴子和骑马时穿的外套，或者绵羊皮夹克，类似于她们丈夫穿的皮大衣，但无疑是值得称赞的节俭的缘故，裁剪得很不合身，而且都穿得很旧了——实际上，简直可以说是破破烂烂。她们的装扮就是如此。在这个世界上，确实没有哪个地方的女人像在俄国那样，让俏丽华美的服饰完全成了没有必要的东西（我说的只是我见到的村妇和该国之一隅）。不过，这些女人是皇帝感到非常骄傲的那些士兵的母亲，是彼得堡街头那些英俊的马车夫的母亲。

应该说，彼得堡地区的大多数女性都拥有芬兰人的血统。有人告诉我，在该国内地，我会看到非常好看的村妇。

从彼得堡到施吕瑟尔堡的道路，有很多地方路况很差。有时候有厚厚的沙基，有时候要经过泥坑，那上面扔了一些木板，但毫无作用。更糟糕的是，在沿途有些沼泽地带的路段，是用小的原木彼此交叉胡乱铺成的，因为在那些路段，别的任何路基都会淹掉。这种用原木铺成的、连接得不牢固因而是活动的地面，在车轮下扭来扭去。在俄国的大路上经常发生骨折和车辆损坏的事故，这说明把马车做成最简单的形式，做成和四轮货运大车差不多的原始的东西，是非常明智的。我还注意到有几座破桥，其中一座似乎走上去很危险。在俄国，人命属于小事。六千万子民，一个父亲哪能怜悯得过来？

在到达已经准备好我过去的施吕瑟尔堡的时候，接到水闸指示的工程师接待了我。

那天天气阴冷。我的马车停在工程师舒适的木屋前面，他亲自把我领进客厅，给我拿来小吃，并且很自豪地给我介绍了他年轻漂亮的妻子。她独自坐在沙发上，我进门的时候她没有起身。因为不懂法语，她一直没有说话，也没有动，我不明白为什么，除非她误以为一动不动是有教养，拘谨的样子是有趣味的表现。她似乎是想在我面前展示一尊在粉色的裙子外面罩着白色的麦斯林纱的迎客雕像。我默默地吃了点东西，暖暖身子。她看着我，不敢把目光移到别处，因为这样需要转动眼睛，而静止不动是她必须扮演的角色。如果我想到这种独特的接待方式其实质可能是因为害羞，那我就会同情而且只会感到惊讶，但是对于这样的情况我几乎不会弄错，因为我知道害羞是怎么回事。

我的东道主任凭我从容地打量这座奇怪的、玫瑰色的蜡像，她打扮自己只是为了引起外邦人的赞美，尽管这样做只会让这个外邦人更加确信，北方的女人很少是不做作的。可敬的工程师似乎对他妻子在我身上产生的影响感到很满意。他把我的诧异当成了赞美。不过，因为希望认认真真地履行自己的职责，他最后说："很抱歉打扰您，但是要参观我奉命带您仔细参观的工程，我们的时间不多。"

我预见到了这个打击但是没能够避开。于是我提出告辞，乖乖地跟着他挨个参观水闸，头脑里仍然带着徒劳的遗憾想着那座要塞，也就是年轻的伊凡的坟墓，他们是不会允许我靠近的。很快就会看到，我此行的这个秘密的目标是如何实现的。

对于我今天上午看了多少花岗岩建筑，对于在那种石块凿出的槽里装了多少闸门，以及对于要铺设一条巨大的运河用了多少同样材质的石板，读者幸好没什么兴趣。他只要知道自从第一批水闸建成之后，过去十年它们一点不需要维修就够了。这种稳定性在拉多加湖那样的气候区，着实令人惊叹。这项宏伟工程的目的是要平衡拉多加运河与涅瓦河靠近源头的那部分水道之间的落差。这让水闸的数量不计成本地成倍增加，为的是让航行尽可能便捷，因为有几个季节气候寒冷，一年当中可以通航的时间只有三四个月。

这项工程想方设法，力争在牢固性和精确性方面做到最好。芬兰的花岗岩用来建造桥梁和护墙，甚至——我充满钦佩地再说一遍——用来铺设运河的河床。总之，为了在严酷的气候许可的范围内把工程做得尽善尽美，施吕瑟尔堡采用了现代科学中所有经过改进的成果。

俄国的内河航运理应得到所有科学界和商界人士的关注，因为它成了该国财富一个主要的来源。凭借一连串的运河——其总长就像这个国家其他所有事业一样是巨大的——他们从彼得大帝在位时以来，已经成功地把里海和波罗的海通过伏尔加河、拉多加湖和涅瓦河连接起来，形成一条安全的水上运输航线。这项构思大胆、规模宏大的计划，现在已经完成并成为文明世界的一大奇迹。尽管细想起来是那么宏伟，但我发现参观相当无聊，尤其是在这部杰作的实施者之一的陪同下。这位专业人士把自己的工作看得很重要，这毫无疑问是应该的。但对我这样只不过是普通观察家的人来说，钦佩之情却被细枝末节浇灭了。那些细枝末节眼下我就不向读者介绍了。

为了报答我似乎得到的恩宠，我不得不一一参观了那些奇迹。在自认为已经不折不扣地给了它们应有的时间和赞美之后，我就回到此行最初的动机，并且为了更好地达到目的，我没有明说，而是假意要求看一看涅瓦河的源头。假装无知并不能掩盖这一要求的轻率。工程师起初避而不答，他说："它的源头在拉多加湖口的水底下，在把湖与筑有要塞的那座岛分开的运河尽头。"

这我已经知道了，但还是答道："那是俄国的一个自然奇观。难道就没有办法到这源头去吗？"

"风太大，我们看不到泉水汩汩地往上涌。必须等到风平浪静的天气，肉眼才能看得清水底的源头。不过，我会尽力满足您的好奇心。"

工程师一边说，一边让六个桨手上了一艘很小的船，那些桨手穿得都很漂亮。我们立刻按照刚才说的出发去看涅瓦河的源头，可实际上却在接近那座坚固的城堡，或者更确切地说，是用非常巧妙而礼貌的方式拒绝了我的请求，不让我进去的那座令人着迷的监狱的外墙。但是，困难只会进一步激起我的欲望：即便我有权把一些不幸的囚徒放出去，我的焦躁之情恐怕也不会更强烈。

施吕瑟尔堡要塞建在一座平坦的岛屿或者说一种比水面略高的岩石上。这块岩石把河流一分为二；确切地说，它还起到一个作用，把河与湖分开，因为它是河水与湖水的交汇点。为了像我们说的那样尽可能地靠近涅瓦河的源头，我们划船绕过要塞。桨手们很快就把我们带到漩涡的正上方。他们划桨划得很好，虽然风大船小，可我们几乎感觉不到颠簸，不过，这个位置的波浪和在公海上一样大。因为看不清被汹涌的波浪遮住的源头，我们在湖上转了个弯，之后，风小了许多，让我们得以看到相当深的地方在一阵阵地冒泡。这就是涅瓦河的源泉，我们小船就在它的上面。

在西风使湖水倒流的时候，作为湖的出口，运河几乎是干涸的，那时，这个美丽的泉眼就完全显露出来。如此一来——幸好它们很少发生——施吕瑟尔堡的居民就知道，彼得堡被淹了。这样的噩耗准会在次日传到他们那里，因为造成拉多加湖水倒流和涅瓦河在靠近源头的地方干涸的西风如果很大，也会把芬兰湾的海水灌进河口。这条水道因此受阻，于是，河水在其通道被海水挡住之后，就会淹没彼得堡及其郊区。

在我对施吕瑟尔堡的选址大加称赞之后，在我用望远镜看够了彼得大帝当年构筑的用来炮击瑞典人这座坚固堡垒的炮兵阵地之后，在我对自己几乎毫无兴趣的所有东西都说够了好话之后，我装作很不在意的样子说道："我们到要塞里看看吧。""它所处的位置看起来非常美。"我加了一句——这个借口似乎不太聪明，因为就技巧而言，最主要的是不要过分。俄国人盯了我一眼，眼神十分犀利。这位正在从事外交工作的数学家回答说：

"阁下，对于一个外国人来说，要塞根本没什么好看的。"

"没关系，在像你们国家那样有趣的土地上，什么都让人好奇。"

"如果司令官不希望我们进去，我们就不能进去。"

"您可以请求他允许带一个旅行家参观一下要塞，另外，我倒是相信他希望我们进去。"

事实上，工程师一提出请求，我们就得到了允许。这使得我猜想，我参观要塞的事情即使没有得到通知说一定会提出来，也得到指示说很可能提出来。

接待我们用的是军队的仪式，是在拱顶下举行的。穿过一道守卫不太严密的大门，然后走过一个长满草的大院，我们被领进了——监狱？啊，不，是司令官的房间。他一点法语不懂，但很客气地接待了我，假装把我的拜访当作是出于礼貌，拜访的目标是他本人，因此他通过工程师表达了对我的谢意。这些巧妙的恭维话并不能让人满意。相比于自己的丈夫，司令官的妻子能够说一点点法语。我只好在那里同她说话，并品尝巧克力，总之，就是没有参观伊凡的监狱——那是想象中的大奖，我是为了它才忍受了这天所有的劳顿、虚伪和令人厌倦的客套。

最后，当拜访差不多该结束的时候，我问陪同我的人是不是可以看一下要塞内部。于是，司令官和工程师交流了几句并意味深长地对视了几眼，我们就都离开了房间。

我以为自己的努力马上就要成功了。施吕瑟尔堡要塞并不美。它是一座用瑞典式的围墙筑成的环形要塞，围墙不高，围墙里面像个果园，其中散布着几座很矮的建筑，包括教堂、司令官的住处、兵营和地牢。地牢用窗户作了伪装，窗户的高度不超过围墙的高度。没有任何暴力或神秘的痕迹。这座安静的国家监狱的外表，在想象中要比亲眼所见的可怕。栅栏、吊桥、雉堞以及所有带有一点中世纪城堡特色的道具在这里都看不到。司令官先是领我看了教堂里几件最珍贵的纪念物！隆重地展示在我面前的四件法衣，就像司令官亲自费心讲解的，耗资三万卢布。我对看到的这些东西感到不耐烦，便径直要求看一看伊凡六世的坟墓。作为答复，他们带我看了沙皇彼得在亲自指挥围攻波罗的海地区的这个战略要地时，他的大炮在墙上轰出的缺口。

"伊凡的墓在哪里？"我不想半途而废，追问道。这次他们把我领到教堂后面，指着一丛蔷薇的附近说："在那里。"

我明白了，在俄国，受害者根本不允许有墓。

"伊凡的牢房呢？"我继续问道，那种固执的口气在我的向导们看来肯定非常奇怪，就像他们的顾虑、沉默和含糊在我看来非常奇怪一样。

工程师低声回答说他们不能让我看伊凡的牢房，因为要塞的那个部分此时关押着政治犯。

这借口很合理，我已经估计到了，但让我惊讶的是司令官的愤怒。不管是他虽然不会说但可以听得懂法语，抑或他只是假装不懂我们的语言，他严厉训斥了我的向导，说他的轻率总有一天会毁了他。这是后者挨了训之后很生气，找机会告诉我的。他还说司令官意味深长地警告他以后不要再提起公共事务，不要把外国人带到国家监狱。这个工程师拥有成为一个优秀的俄国人所必须具备的所有品质，但他比较年轻，还不懂得他那行的奥妙——我说的不是他作为工程师的职业。

我发现必须让步。我是最弱势的一方，所以我承认自己失败了，不再指望能够参观那间倒霉的俄国皇位继承人死在里面的牢房。他死的时候成了呆子，因为把他变成呆子比让他成为皇帝更方便。我无法充分表达我对俄国政府代理人为其服务的方式的震惊。我想起了陆军大臣脸上的表情，那是我第一次斗胆提出想要参观一座因为伊丽莎白女皇时代犯下的罪行而在历史上出了名的城堡；我还带着既奇怪又恐惧的心理，把在我们当中普遍存在的思想上的混乱，与没有一点个人想法和意见的状况，总之，就是俄国从事行政管理的人，不论领导还是下属，那种盲目服从的行事规则作了对比。在这个政府中可以观察到的行动的一致性令我震惊。从上到下，所有人在同思想甚至发生的事情作斗争时都很默契。注意到这一点，让我既害怕得发抖，同时又非常钦佩。当时，这种心情让我迫不及待地想要离开施吕瑟尔堡要塞，就像当初我迫不及待地想要进去一样。我开始担心有人会用武力，把我变成那个隐秘的伤心之地的犯人。我感到越来越压抑，只想到外面舒舒服服地走一走，透透气。我忘记了我要返回的那个国家本身就是监狱，这座监狱规模巨大，使得它越发令人生畏。

俄国的要塞！这个词给想象力留下的印象和在参观真正文明而人道的民族的据点时感受到的印象差别很大。在俄国，用来掩盖所谓国家机密的那些愚蠢幼稚的预防措施，与公开的暴行相比，更加使我确信，这个政府不过是虚伪而暴虐的政府。

在深入俄国的国家监狱并在那里发现不允许谈论所有外邦人到了这样的地方都会自然而然地问到的事情之后，我暗自想到，这样遮遮掩掩肯定是为了掩盖严重的暴行，因为人们如此小心隐瞒的不是什么好事。

我有足够的根据相信，除了其他的国家监狱，喀琅施塔得的水牢也关押了一些可怜人，他们是在亚历山大在位时关到那里的。这些不幸的人们受到极其残暴的惩罚，落到连畜生都不如的地步。要是现在他们从地下出来，那会像无数复仇的幽灵一样起来造反。他们的模样就连暴君本人也会被吓得连连后退，并且会动摇专制统治的根基。什么事情都可以用美妙的言语甚至好的理由来辩护，造成政治、文学或宗教分裂的那些观点哪一个都不缺少维护自身的论据。但是，就让它们愿意说什么就说什么吧，一种体系，如果其暴力的性质需要这样的支持手段，那么从根本上来说，它肯定是极度邪恶的。

这种令人发指的政体的受害者不再是人。那些可怜的存在被剥夺了最普通的权利，与世隔绝，湮没无闻，在成为囚徒的那个夜晚就被抛弃了。在囚禁中变成傻瓜是必然的结果，也是他们无尽的痛苦中仅剩的安慰。他们失掉了所有的记忆，所有天赋的理性——那是谁都没有权利从其同类心中扑灭的人道之光。他们甚至忘了自己的姓名。看守们为了找乐子，便用残忍、嘲弄的口气询问他们的姓名；没有谁要他们为此负责，因为在这些罪恶的深渊，就是这样是非颠倒。夜色深沉，所有正义的痕迹都被抹去了。

　　有些囚徒的罪行甚至都没人记得，结果，他们就被永远关着，因为不知道该把他们交给谁，而且与其把错误公开，不如将错就错更加省事。就这样，因为担心迟来的正义的不良后果，罪恶不仅加重了，连额外的罪恶也不用解释了。无耻的胆怯竟然被说成适宜、体面、谨慎、顺从和智慧，是为公共利益做出的牺牲，是以国家利益为重！压迫者根本不需要多费口舌，天底下哪件事情没有两种说法？总是有人告诉我们，俄国没有死刑。难道活埋不算杀人？一边是那么多的苦难，一边是那么多的不公和虚伪，想到这，囚徒们的罪过简直不值一提，只有法官似乎是有罪的。当我想到这个极不公正的法官的残忍不是出于自己的选择，我就愤慨到极点。一个坏政府竟然在它存在期间让相关的人败坏到如此程度！但俄国走在它命运的前面。这肯定就是所有问题的原因。如果我们依据做出牺牲的程度来衡量目标有多么伟大，那毫无疑问，我们肯定要说，这个国家将会成为世界帝国。

从令人沮丧的参观回来之后，工程师家有件新的差事在等着我：与几位中产阶级人士共进隆重的晚餐。工程师为了招待我，请来了他妻子的亲戚和邻近的几个地主。作为观察家，我对这样的聚会本来是有兴趣的，假如我没有在第一时间意识到，它不会给我带来任何新的想法。俄国没有市民阶级，那里只有小雇员以及虽然被封为贵族的小地主，他们在那里就相当于其他国家的中产阶级。这些既嫉妒大人物而自身又受小人物嫉妒的人，徒劳地自诩为贵族。他们的地位实际上就像革命前法国的资产阶级。同样的事实到处都制造同样的结果。

我感觉在这次聚会上有一种掩饰不住的敌意，反对真正的伟大和真正的优雅，而不管它们会属于什么国度。

尽管装作严谨、得体的样子，但那种拘谨的举止和尖刻的观点，反倒让我马上就联想到我们生活于其中的时代。这个时代我在俄国已经有点忘记了，因为我在那里至今只看过廷臣的聚会。现在，我置身于一些踌躇满志、很在意别人对自己看法的小人物当中，而且这些人到处都一样。

这些人没有跟我说话，而且似乎也不太注意我。或许除了能够很费劲地阅读法语之外，他们不懂它，所以他们就在房间的一角形成一个圈子，说着俄语。家里的一两位女性承担起用法语交谈的全部重任。我惊讶地发现，她们对俄国警方允许进入俄国的那部分法国文学作品十分熟悉。除了女主人之外，这些女士的打扮都有点过时，缺少品位，而男人的衣着更是马虎，快要拖到地面的肥大的棕色轻便大衣取代了民族服装。但是，相比于衣着上的马虎，更让我惊讶的是他们谈话时刻薄而挑剔的语气。在上流社会中被巧妙地、小心翼翼地掩盖起来的俄国人的情绪，在这里公开地表露出来。这种聚会与宫廷聚会相比显得更加坦率，虽然不是那么礼貌；因此，我可以清楚地看到我在别处只是感觉到的东西，也就是在与外邦人的交往中，影响着俄国人的那种好奇、讥讽和吹毛求疵的态度。就像所有的模仿者都憎恨其模仿的对象，他们也憎恨我们。他们端详我们的眼神，是想挑出我们身上的毛病。一旦看出这种倾向，我就不想客气了。我本来认为有必要为自己不懂俄国人的语言说上几句表示歉意的话，所以我在讲话的最后说，所有的旅行家都应该懂得他游历的那个国家的语言，因为，与其强人所难，让他想要了解的人像他那样说话，不如他自己花点功夫，学说他们的语言显得更合乎情理。

这句恭维话得到的回应是，对于俄国人说得不好的法语，我还是得将就着听听，否则，我就会像哑巴一样旅行。

"我感到不满的正是这一点，"我答道，"要是我知道如何像我该做的那样去糟蹋俄语，我就不会勉强你们改变习惯去说我的语言。"

"从前我们只说法语。"

"那是不对的。"

"您不该责备我们。"

"我一向有一说一。"

"这么说，真话在法国还是被认为很重要的啰？"

"我说不准。但我知道它有自己内在的价值，应该得到人们的热爱。"

"这种爱不属于我们时代。"

"在俄国吗？"

"哪儿都不，尤其是在被报纸统治的国家。"

我跟这位夫人的看法一样，这使得我想要换个话题。因为我既不想说违心的话，也不想默认一个即便她和我意见一致，但说话尖刻到会让我对自己的看法也感到厌恶的人的观点。

有件事发生得非常及时，改变了谈话的内容。街上的吵嚷声把大家都吸引到窗口，那是船夫们的争吵，他们好像火气很大。冲突看来要流血，这时，工程师出现在阳台上，单是看到他的制服就产生了不可思议的效果。根本不用跟这些粗人说什么，他们的火气就消了。哪怕是受过最好的训练、习惯了做假的廷臣，也不会把自己的怨恨掩饰得更好。

"多么优秀的民族！"负责招待我的那位女士大声说道。

"多么可怜的人。"在重新坐下的时候我思忖道。因为我永远都不会赞美恐惧带来的奇迹。不过，我认为最好还是不要吭声。

"在您的国家，秩序不是那么容易重建的。"我那不依不饶的对手继续说道，并且不停地用探询的眼光打量着我。

这么无礼我之前还没有碰到过。一般来说，我发现俄国人的举止太有礼貌了，尽管在他们的好话中可以察觉到藏有恶意。这里我见识了心口一致，那样更让人讨厌。

"我们的自由是有它麻烦的地方，但我们的自由也有好处。"我答道。

"什么好处？"

"在俄国是不会懂的。"

"没它们也行。"

"就像其他所有不懂的东西没有也行一样。"

我的对手被激怒了，于是，为了掩饰自己的恼怒，她突然改变了话题。

　　"让利斯夫人[1]在《费利西娅的回忆》中花了那么多篇幅说的是您家人吗，在她的回忆录中说的是您本人吗？"

　　我作了肯定的回答，然后表示惊讶，在施吕瑟尔堡竟然有人读这些书。

　　"您把我们当成了拉普兰人。"那位女士反驳说——我没能使那种尖刻的语气缓和下来，反倒受它的影响，把自己的调门也抬得差不多一样高。

　　"不，夫人，但俄国人有更好的事情可做，而不是关心法国上流社会的飞短流长。"

　　"让利斯夫人可不是爱说长道短的人。"

　　"可在我看来，她的那些作品只有法国人会感兴趣，因为在那里面，她无非是用优美的语言讲述了她那个时代的一些小趣闻。"

　　"您不希望我们对您和你们的作家了解太多。"

　　"我希望我们是因为自身真正的优点而得到尊重。"

　　"要是撇开你们在社交上对欧洲的影响，你们还有什么？"

1　让利斯夫人（Madame de Genlis，1746—1830），法国作家，当时在位的法国国王路易·菲利普曾经是她的学生。

我感到我必须对付一个强大的对手。"我们还有历史的荣耀，甚至有俄罗斯历史的荣耀，因为这个帝国在欧洲新的影响力，正是由于它在为法国人征服其首都报仇时迸发出的能量。"

"你们的确帮了我们大忙，尽管你们并不想那么做。"

"您是否在那场战争中失去了什么亲密的朋友？"

"没有，先生。"

我原本希望在这位无礼的夫人的谈话中到处流露出的对法国的反感会得到合理的解释，但我的期望落空了。

这种无法变得普通的谈话就这样一直持续到晚餐开始。我试图把它转向我们新的文学流派，但她只读过巴尔扎克。巴尔扎克备受推崇，而且得到了公正的评价。我们现代作家几乎所有的作品在俄国都是禁书，这一点证明了它们的影响力。最后，在推迟了好长时间之后，我们终于就坐用餐。作为东道主的那位女士一直认认真真地扮演着雕像的角色，那天只动了一次：从客厅的沙发上挪到餐厅的椅子上，而且既不转动眼睛也不开口。这种自动的位置变换，证明这雕像是长腿的。

晚餐显得有点拘谨，但时间不长，而且在我看来，除了汤之外都很不错，那道汤真是太有创意了。汤是冷的，里面有几片鱼，漂在加了很多佐料和糖的浓醋清汤中。除了这道难吃透顶的杂烩和带有酸味的格瓦斯之外——格瓦斯是一种啤酒，是全民都爱喝的饮料——我又吃又喝，胃口好得很。桌上有上佳的红葡萄酒和香槟，但我看得出，因为我，他们有点不知所措，这使得大家都有点拘谨。工程师没这种感觉。他在闸上算得上大人物，但在自己家里却什么也不是，结果就由他的岳母尽地主之谊，而她的风度如何，读者自有评判。

晚上六点，我和款待我的人们分了手，大家都很满意，而且必须得承认，那是掩饰不住的满意。我出发前往等着我过去的某某城堡。普通人的公正与坦率，让我甘愿忍受某些贵妇的装腔作势。人可以希望改掉做作的习惯，但天生的倾向是改不了的。

我到达距离施吕瑟尔堡六到八里格的某某城堡时天还是亮的。我在那里度过了晚上剩余的时光，在暮光中的一座对俄国来说非常漂亮的花园里散步，泛舟于涅瓦河上，享受着与某个上流社会人士优雅而惬意的谈话。我在施吕瑟尔堡的经历让我变得十分小心，唯恐再像那次聚会一样，把自己摆在必然受到审讯的位置。那样的客厅就像战场。上流社会的社交圈带有各种缺点，可比起这个带有各种明确优点的狭小世界，还是更为可取。

午夜过后没多久，我又到了彼得堡，用两套雇来的马匹在泥泞的沙路上走了一天大约三十六里格。

对牲口的要求是和对人的要求相称的。俄国马很少能活到超过八到十岁。彼得堡的路面对于它们就和对马车以及——可以说——骑手一样致命，一旦离开了少数可以找到的木头道路，他们的头就快要裂开了。不错，俄国人是用大的石块按照固定的间距铺设了他们可恶的路面，但这种装饰只会带来更多的坏处，因为它使得在街上的骑乘颠簸得更加厉害。俄国人在意的只是某种优雅豪华的外表，只是虚张声势地炫耀财富和排场，因为他们是靠制造文明的非必需品来开始其文明进程的。如果这是前进的正确道路，那就让我们高呼："虚荣万岁，打倒常识！"